TOURISM PLANNING & DESIGN
旅游规划与设计 34

NO.34

旅游规划 ＋ 景观建筑 ＋ 景区管理

北京大学城市与环境学院旅游研究与规划中心　主编

中国建筑工业出版社　出版

体育旅游与户外游憩
Sport Tourism and Outdoor Recreation

图书在版编目（CIP）数据

旅游规划与设计：体育旅游与户外游憩 = Tourism Planning & Design Sport Tourism and Outdoor Recreation / 北京大学城市与环境学院旅游研究与规划中心主编. -- 北京：中国建筑工业出版社，2021.1
ISBN 978-7-112-26165-9

Ⅰ.①旅⋯ Ⅱ.①北⋯ Ⅲ.①旅游规划 Ⅳ.①F590.1

中国版本图书馆CIP数据核字(2021)第098167号

主编单位：
北京大学城市与环境学院旅游研究与规划中心　北京大地风景文化旅游发展集团有限公司

出版单位：
中国建筑工业出版社

编委（按姓名拼音排序）：

保继刚（中山大学）	陈　田（中国科学院）	陈可石（北京大学深圳研究生院）
高　峻（上海师范大学）	刘　锋（巅峰智业）	刘滨谊（同济大学）
罗德胤（清华大学）	马晓龙（南开大学）	马耀峰（陕西师范大学）
石培华（南开大学）	唐芳林（国家林草局）	王向荣（北京林业大学）
魏小安（世界旅游城市联合会）	谢彦君（海南大学）	杨　锐（清华大学）
杨振之（四川大学）	姚　军（中国旅游景区协会）	张　捷（南京大学）
张广瑞（中国社会科学院）	周建明（中国城市规划设计院）	邹统钎（北京第二外国语学院）

名誉主编： 刘德谦

主编： 吴必虎
本期特约主编： 董二为　付　冰
常务副主编： 戴林琳
副主编： 钟栎娜　李咪咪　汪　芳　高炽海
编辑部主任： 林丽琴
编辑部副主任： 姜丽黎
编辑： 崔　锐　徐文晴
装帧设计： 张正媛
责任编辑： 郑淮兵　王晓迪
责任校对： 王　烨

封面图片提供： 董二为
封面图片说明： 美国大雾山国家公园附近的漂流
扉页图片提供： 阿拉塔
扉页图片说明： 骑马捡哈达精彩瞬间
封二底图提供： 王琪
封二底图说明： 新西兰福克斯冰川徒步
封三底图提供： 王琪
封三底图说明： 新西兰皇后镇单人滑板车

旅游规划与设计　体育旅游与户外游憩
Tourism Planning & Design　Sport Tourism and Outdoor Recreation
北京大学城市与环境学院旅游研究与规划中心 主编

中国建筑工业出版社 出版、发行（北京海淀三里河路9号）
各地新华书店、建筑书店经销
天津图文方嘉印刷有限公司印刷

*

开本：880毫米×1230毫米 1/16　印张：9¼　字数：260千字
2021年1月第一版　2021年1月第一次印刷
定价：**58.00**元
ISBN 978-7-112-26165-9
（36709）

版权所有　翻印必究
如有印装质量问题，可寄本社图书出版中心退换
（邮政编码100037）

卷首语
体育旅游与户外游憩

随着国际化和全球化的发展，传统的旅游方式也发生了变化，诸如生态旅游、亲子旅游、家庭旅游、探险旅游等新的旅游方式在世界各地流行起来。在这些新旅游形式中，体育旅游与文化、教育、经济以及社会发展的方方面面都有着密切的关系，而逐渐成为热门话题和研究重点。体育旅游兴起并发展于欧美，和体育赛事的发展密不可分。从欧洲各地的职业足球和冰球比赛到美洲大陆的职业篮球和棒球比赛，从每四年举行的奥运会和世界杯足球赛到年年举办的网球赛、赛马、高尔夫比赛、赛车、马拉松比赛等，各种赛事无时无刻不在牵动着各国体育迷的心。体育旅游的产生必须在旅游行为发生的基础上实现。观看和参与体育赛事而产生的旅游行为并不仅仅局限于职业赛事，其中也包括业余赛事。更确切地讲，业余赛事涉及面更广，更接地气，更是职业赛事的根本和基础。无论是职业赛事还是业余赛事都给体育旅游的发展带来了无限的机会。除了体育赛事以外，在国家公园、国家森林等自然地带旅行中所进行的钓鱼、打猎、登山、野营等各种户外游憩活动也成为体育旅游的重要组成部分。体育旅游和文化遗产也不可分割，中国的龙舟赛、蒙古文化的那达慕等传统体育项目既是文化遗产也是体育和遗产旅游融合发展的例子。

中国的体育旅游在近十年逐渐发展起来，除了有和西方相似的职业体育赛事、业余体育赛事，也产生了体育旅游示范区和体育小镇等具有中国特色的体育旅游方式。但是理解体育旅游并不能单纯通过中文字面意思。在实际发展过程中，先后出现了"sports tourism"和"sport tourism"这两个不同的但都可以翻译成中文"体育旅游"的英语词组。虽然两者只有"s"一个字母之差，但其内涵却完全不同，且从汉语中的"体育旅游"字面上体现不出来。"sports tourism"和"sport tourism"的先后出现，代表着体育旅游概念的演变。具体地讲，前者是以欧洲为代表的体育旅游，强调体育旅游活动本身的重要性。后者则是以美国学者为代表的强调以赛事为中心的体育旅游，并着重突出体育旅游的社会效应和联动效果。这两个不同的概念，还没有在国内得到学界和业界的关注和深入理解。在体育旅游发展当中，什么是"体育+旅游"？什么是"旅游+体育"？是在旅游景点的体育活动？还是在体育场所的旅游活动？体育旅游和经济发展直接挂钩吗？体育旅游中，体育是载体还是旅游是载体？在体育旅游发展过程中，这些问题经常被学术界和产业界问到。体育旅游集体育学、旅游学、休闲学、经济学、文化学和管理学等多学科于一体，是专业性和实践性两者兼备的应用型学科。因此本辑汇集了多学科背景的学者和产业人员的文章，从体育旅游：发展机制、影响因素与形象感知，体育旅游效应，目的地体育旅游发展，以及户外运动与滑雪旅游四个部分回答和解释这些问题。目的在于抛砖引玉，举一反三，帮助关心体育旅游的各界人士理解体育旅游。

综上所述，本辑从客观的角度研究体育旅游，并不刻意宣扬体育旅游是个"井喷式"发展的产业，也不结合政策去谈体育旅游是个"朝阳"产业，更不用大数据、云计算、虚拟现实、人工智能等高科技把体育旅游研究复杂化。本辑的宗旨在于使体育旅游从业人员、政府官员、学者和学生了解体育旅游的精髓，以冷静的态度和广阔的视野，迎接在体育旅游发展中遇到的意想不到的困难，力争在体育旅游发展中少走弯路。休闲与体育旅游和国民的生活方式、闲暇时间、生活质量及和谐社会息息相关，希望本辑对国民、学界和产业界有帮助。《旅游规划与设计——体育旅游与户外游憩》学术定位鲜明、市场把握准确，是国内首个以体育旅游为主题的专辑，因此我很荣幸能成为本次专辑的主编。感谢《旅游规划与设计》所有人员的辛勤工作，即使在2020年这个特殊时期，仍保证专辑正常出版。

本辑特约主编

美国亚利桑那州立大学教授
海南大学亚利桑那州立大学联合国际旅游学院教授

目 录

06 体育旅游：发展机制、影响因素与形象感知

08　体育旅游：过去与现在　　　　　　　　　　　　　　　　希瑟·吉布森、谢冉娜·费尔来

18　美国体育旅游区域运营机制研究：以美国国家运动委员会为例

栗雪雯　陈雯　徐晟辉　董二为

26　足球体育赛事的女性观赛意愿影响因素研究　　　　　　　　　　　郭旸　何艳

34　基于网络文本分析的上海体育旅游目的地形象感知研究　　石勇　姚前　李海　孙建新　孙迪

44 体育旅游效应

46　上海市体育旅游经济影响力研究　　　　　　　　　　　　　　　　付冰　董二为

54　厦门马拉松旅游经济效应追踪研究：基于2006—2017年调查报告的分析

徐卫华　杨小月　林馨雨

64　体育赛事对举办地旅游产业的促进作用研究：以第二届全国青年运动会为例

周成　田娟　付冰　郑伟　董二为

72　帆船运动与旅游目的地国际营销：以克利伯环球帆船赛为例　张帅　赵宽　韩琳琳　罗南

80 目的地体育旅游发展

82　中国如何借鉴国外体育小镇经验：以新西兰皇后镇为例　　　李鑫泽　李兆进　刘倩

90　内蒙古体育旅游产业融合发展研究　　　　　　　　　　　　　　　　　　殷俊海

100　台湾地区运动旅游现况发展之初探　　　　　　　　　　　　　　　　　　黄国扬

106　沈阳棋盘山风景区体育旅游综合体发展战略研究　　　　　　　　　刘博识　刘爽

116 户外运动与滑雪旅游

118　山地户外运动创新项目的探索研究：以绳索公园为例　　　　　　　刘勇　凌小盼

126　中国国家公园建设中相关游客不文明行为归类归因研究　　徐倩文　付冰　董二为

134　中国滑雪者滑雪旅游动机、制约因素及目的地选择研究　　　　　　方琰　吴必虎

体育旅游与户外游憩

CONTENTS

06 Sport Tourism: Dynamics, Determinants and Perceptions

08 Sport Tourism: Past and Present *by Heather J. Gibson, Sheranne Fairley*

18 Regional Operation Mechanism of Sport Tourism in the United States: A Case Study of Sports Events and Tourism Association *by Li Xuewen, Chen Wen, Xu Shenghui, Dong Erwei*

26 Determinants Influencing Female Spectators' Preferences to Soccer Games *by Guo Yang, He Yan*

34 An Online Content Analysis on Image Perception of Shanghai as a Sport Tourism Destination *by Shi Yong, Yao Qian, Li Hai, Sun Jianxin, Sun Di*

44 Impact of Sport Tourism

46 Economic Impact of Sport Tourism on City of Shanghai *by Fu Bing, Dong Erwei*

54 A Longitudinal Study on Economic Impact of Xiamen Marathon on Local Tourism Industry (2006-2017) *by Xu Weihua, Yang Xiaoyue, Lin Xinyu*

64 Effects of Sport Events on Tourism Industry of Host Cities: A Case Study of The 2nd Youth Game of the People's Republic of China *by Zhou Cheng, Tian Juan, Fu Bing, Zheng Wei, Dong Erwei*

72 Sailing and International Marketing for Tourism Destination: A Case Study of Clipper Round the World Yacht Race *by Zhang Shuai, Zhao Kuan, Han Linlin, Luo Nan*

80 Sport Tourism Development in Destinations

82 Learn from Queenstown on Sport Town Development: An Empirical Study *by Li Xinze, Li Zhaojin, Liu Qian*

90 An Integrated Development Analysis on Sport Tourism Industry in Inner Mongolia Autonomous Region *by Yin Junhai*

100 A Preliminary Study of the Present Situation of Sport Tourism in Taiwan *by Huang Guoyang*

106 Development Strategy of Sport Tourism Complex: A Case of Qipan Mountain Natural Scenic Area, Shenyang *by Liu Bozhi, Liu Shuang*

116 Outdoor Recreation and Skiing Tourism

118 An Exploratory Study on Innovative Outdoor Recreation Activities in Mountainous Areas: A Case Study of Rope Park *by Liu Yong, Ling Xiaopan*

126 Classification of Inappropriate Public Manners of Tourists in National Parks in China *by Xu Qianwen, Fu Bing, Dong Erwei*

134 Motivation, Constraints and Destination Selection of Chinese Skiers *by Fang Yan, Wu Bihu*

Sport Tourism and Outdoor Recreation

新西兰皇后镇快艇体验

体育旅游：发展机制、影响因素与形象感知

Sport Tourism: Dynamics, Determinants and Perceptions

希瑟·吉布森 谢冉娜·费尔来　体育旅游：过去与现在

栗雪雯　陈雯　徐晟辉　董二为　美国体育旅游区域运营机制研究：以美国国家运动委员会为例

郭旸　何艳　足球体育赛事的女性观赛意愿影响因素研究

石勇　姚前　李海　孙建新　孙迪　基于网络文本分析的上海体育旅游目的地形象感知研究

Sport Tourism: Past and Present
体育旅游：过去与现在

文 / 希瑟·吉布森　谢冉娜·费尔来

【Abstract·摘要】

Since the mid 1990s there has been a growing recognition of the tourism potential of sport-related travel. As industry initiatives grew, academic attention shifted to this area of enquiry that became known as sport tourism. This paper provides an overview of the early developments in sport tourism scholarship and reflects on the research over the past decade with a view to where we go next. The early work on sport tourism was dominated by western researchers notably from Europe, North America and Australia. In recent years attention to sport tourism has begun to shift to Asia, notably in Japan and now China.

自20世纪90年代中期以来，与体育运动有关的旅游活动不断兴起。这一现象在旅游业的发展引起了学术界的不断关注，"体育旅游"的概念应运而生。本文通过对早期研究的总结，为未来体育旅游的学术发展提供了方向。本研究发现，早期体育旅游的学术文献基本由主要来自欧洲、北美以及澳大利亚等国家的西方学者所贡献。而近年来，包括日本及中国在内的亚洲学者们对体育旅游的研究更为广泛。

【Keywords·关键词】

sport tourism history; definitions; active, event and nostalgia sport tourism; leveraging; event portfolios

体育旅游的历史；体育旅游的概念；参与型、观赏型及怀旧型体育旅游；赛事组合杠杆

【Biographical notes·作者简介】

Heather J. Gibson Professor, the Department of Tourism, Hospitality & Event Management, University of Florida

Sheranne Fairley Associate Professor, School of Bussiness, The University of Queensland

Background

In the 1990s, as part of the increased specialization of tourism, we began to talk about special interest tourism (Weiler et al., 1992) and various niches that were emerging including eco-tourism, heritage tourism and sport tourism. Sport tourism, or travel for sport had existed prior to the 1990s, notably in Ancient Greece where individuals traveled to Olympia to take part in the Olympic Games. This would have been one of the earliest forms of sport tourism as was travel associated with sports such as golf in the 19th century and skiing in the 20th century. However, as tourism became a focus for economic development in an increasingly service centered western world, a number of related developments occurred. Notably, governments and tourism industry officials started to formalize destination development based on these identifiable niches. For example, the United Kingdom became identified as a hub of heritage tourism (Watson et al., 2002), Costa Rica was an early adopter of eco-tourism, and Australia in the lead-up to the 2000 Sydney Olympic Games established a sport tourism centered policy initiative. Simultaneously, in academe, we saw the rise in the number of tourism and sport related degree programs and the associated research missions supporting these developing fields of study.

Sport tourism was seen as unique in comparison to some of the other tourism niches, as it forged a relationship between two major industries (sport and tourism), and potentially linked two disciplines. At the end of the 1990s, we saw the publication of the first text book about sport tourism by Standeven and DeKnop (1999) and we saw the first estimates of the size of the market. Standeven and DeKnop suggested that between 10% and 30% of tourism in a particular country was sport related. Mintel confirmed that in the UK 10% of domestic special interest holidays were centered around sport; whereas, in the US, the Travel Industries of America (TIA) esti-

Figure 1 A group of Asian students visit Australian Football League Stadium
photo provided by Sheranne Fairley

mated that 75.3 Americans travelled for sport between the years 1994 and 1999 (TIA, 1999).

The consensus during this time was that there was a potential market of tourists who travelled for sport (Figure 1). This led to the next task among the small group of academics who began writing about sport tourism. One development was the publication of a series of text books to support education of students about sport tourism. Some of the early books included Hudson's (2003) *Sport and Adventure Tourism*; Hinch and Higham's (2004; 2011) *Sport Tourism Development*; Higham's (2005) *Sport Tourism Destinations*; and Weed and Bull's (2004; 2009) *Sports Tourism: Participants, Policy and Providers*. There was also a proliferation of special issues of the academic journals devoted to sport tourism including the *Journal of Vacation Marketing*, 1998; 4(1), *Tourism Recreation Research* 1997; 22 (1); *Current Issues in Tourism*, 2002; 5(1); and the *Journal of Sport Management*, 2003; 17(3). Subsequently, the *Journal of Sport & Tourism* has also run a number of special issues of specific topics in sport tourism, including a series of issues celebrating the 20th anniversary of the journal. At this stage, certainly in the English-speaking world, there is a substantive body of work on various aspects of sport tourism.

In the next section of the paper we will take a look at some of this work, starting with one of the key debates from the early days; how do you define sport tourism?

Defining Sport Tourism

Much of the early debate around how to define sport tourism was in line with Hall's (1992) suggestion that sport tourism falls into two categories, travel to participate in sport, and travel to observe sport. Standeven and DeKnop (1999) followed suit and wrote about active and passive forms of sport tourism whereby the former took part in sport while on holiday, and the latter traveled to watch sport whether as a serious fan or more of a casual observer. Standeven and DeKnop's definition was also quite broad in the types of activities they regarded as being included in sport and their inclusion of professional athletes and officials as sport tourists, which went against definitions of tourism as leisure-based behavior (Gibson, 1998). Standeven and DeKnop's broad based definition of sport, as including both incidental sport participation as well as planned or organized participation, led to Hinch and Higham's (2001) contribution on the topic. Hinch and Higham drew upon Loy's (1968) quite strict definition as to what activities constitute sport as well as introducing concepts such as level of competition, place, and time into considerations of sport tourism. They suggested "sport tourism is defined as sport-based travel away from the home environment for a limited time, where sport is characterized by a unique set of rules, competition related to physical prowess and a playful nature" (Hinch et al., 2001, p. 56). Weed and Bull (2004) also integrated ideas related to the interaction of activity with place into their definition. They proposed the following definition, that:

Sports tourism be viewed as a social, economic and cultural phenomenon arising from the unique interactions between activity and place; the travel element, including journeys and the way such travel is organized, is an interaction which links people with places; and the motives relate to the interaction between people and activities as well as places (Weed et al., 2004 p. 45).

Weed and Bull opened up another debate that had been going on within the definition debate, that of whether we should use the term "sport" or "sports". Weed and Bull favor the term "sports" and suggest that, "Sports tourism is a unique area of study derived from the interaction of activity, people and place, a dependence on the social institution of sport to characterize the area would be somewhat incongruous"(p. xv). This was in response to Gibson's (1998) argument that we should use the term 'sport' without the 's' as this referred to the wider social institution of sport and as such was bigger and more influential than the term 'sports' which refers to the individual level sporting activities. An argument Weed and Bull countered: "the concept of sport can in many cases detract from the heterogeneous nature of sporting activities." This is a debate that has never been settled. Instead the terms 'sport tourism' and 'sports tourism' have coexisted in both industry and academe. Indeed, when the *Journal of Sport Tourism* was reorganized the compromise was to name it the *Journal of Sport & Tourism*.

In addition to the debates over sport with an s or without, another line of discussion was occurring. While various scholars maintain that sport tourism constitutes two main types: active and passive, Redmond (1990), in a paper detailing the growth of sport related tourism, argued that a third type of sport tourism existed, that which involved travel to visit sports museums, halls of fame, stadia, and the growing number of sport-themed attractions such as cruises and restaurants. Redmond linked this type of sport tourism to the growing focus on heritage tourism and the growth in the focus on nostalgia that had emerged in the tourism industry (Dann, 1994). Lewis and Redmond (1974) and Redmond (1981) had already written about the growth in sport museums, and Gibson suggested that this third type of sport tourism might be categorized as nostalgia sport tourism. Thus, Gibson(1998) defined sport tourism as:

Leisure-based travel that takes individuals temporarily outside of their home communities to participate in physical activities, to watch physical activities, or to venerate attractions associated with physical activities (p. 49).

Gibson labelled these three types of sport tourism active sport tourism, event sport tourism, and nostalgia sport tourism respectively. Fairley (2003) suggested that nostalgia sport tourism is not limited to the physical space, or attractions, but can be based on nostalgia for a social experience. A decade later, as we began to see the growth of smaller participatory event based sport tourism with the rise in travel to take part in triathlons, cycling, running and other such sports, in conversations with industry practitioners, it was becoming increasingly difficult to use the term event sport tourism as it was originally conceptualized. Therefore, Kaplanidou and Gibson (2010) suggested that event sport tourism be broken down into two behaviors, event active (i.e., event based active sport tourism) and event passive (travel to spectate). Further, Fairley, Kellett and Green (2007) noted another form of sport tourism, travel to volunteer at a sport event.

Research in Sport Tourism

Some of the earliest papers on sport tourism were written by European scholars, notably Paul De-Knop (1987; 1990), who examined active sport tourism and divided sport tourists into three types: 1) pure sport holiday; 2) incidental sport holiday; and 3) private sport holiday. This work certainly set the foundation for DeKnop's work with Joy Standeven and their broad-based definition of sport tourism (Standeven et al., 1998) that we discussed above. De-Knop's categorization of different types of sport tourist also continued into future work, especially in relation to the continued issue of how to entice the pure sport tourist to engage in other tourism-related activities (e.g., Gibson et al., 2003: Nogowa et al, 1996). Another European scholar Sue Glyptis (Glyptis, 1982; 1991; Glyptis et al., 1993) also produced some seminal work that set the foundation for a number of different foci in sport tourism, namely using existing community facilities for sport tourism such as those owned and managed by local municipalities (Gibson, 1998b). She also noted there was:

A linkage between sport and tourism in the minds of participants, commercial providers and local authorities, but a lack of conscious integration, or even resistance to it, by policy makers, planners and public providers at the national level (Glyptis, 1982).

Unfortunately, this disconnect between sport and tourism agencies still exists today and has been researched in more depth by Weed (2003) and Weed and Bull (1997). Most of the research in the US during the 1990s and early 2000s was focused on event sport tourism. The main exception was Gibson's work with Yiannakis (e.g., Gibson et al., 1992; Gibson, Yiannakis et al., 1998) where they examined people's preferences for tourist roles (behaviors). They found that the preference for the role of Sportlover (travel to take part in a favorite sport such as skiing or golf) declined over the life cycle, however, there were still a core group travelling to take part in sport in later life. In the mainstream tourism literature there was also some work on skiing, primarily understanding participation patterns (Williams et al., 1994), barriers to participation (Hudson, 2000), and travel patterns as a family (Bojanic et al., 1995). These researchers did not situate their work within the realm of sport tourism. The same can be said for several studies on mega sporting events such as the Olympic Games and the FIFA World Cup that also appeared in tourism journals (Gursoy et al., 2006; Ritchie, 1984, 1999; Zhou et al., 2009). Many of these Olympic based studies arose out of the tradition in tourism research of examining the impact of tourism on the residents of a host community. Accordingly, a line of studies published in the tourism journals examined the perception of residents to hosting the Olympic Games and found that generally economic benefits were quite disappointing, but a number of social impacts both positive and negative occurred (Lee et al., 2006). None of these researchers situated their work in the context of sport tourism, but their work has set the foundation today for much of the work being done by sport scholars on mega events (Ritchie 1984; 1999).

In 1999 James Higham published a commentary about the negatives of hosting mega sporting events and championing what he called the "small-scale" sport events instead. Higham (1999) was already emerging as one of the core researchers in the sport tourism community, notably for his work with Tom Hinch (e.g., Hinch et al., 2001). Higham's background as a tourism scholar with a focus on sustainability lead to his concern over the waste often left by hosting mega sports events and he was one of the first to suggest that we should focus on the sport tourism associated with regular season sport competitions and other amateur level sport events instead. In work with Hinch, they suggested overcoming tourism related seasonality in communities by focusing on sport fixtures such as Super Rugby (Higham et al., 2003). Gibson and her colleagues also explored the idea of using regular season sports as a tool for tourism development (Gibson et al., 2003). Instead of rugby, Gibson et al. studied US college football and the tourism brought to college towns in the US through college sport. Similarly, Fairley (2003) examined the behaviors of fans who travelled great distances to follow their favorite team in a regular season.

Another related debate that was occurring in the early 2000s arose out of the growing concerns about the (economic) resources that were being invested in the hosting of the mega sporting events, notably the Olympic Games and the lack of benefit that host cities and countries experienced in return. The IOC Charter, Rule 2, Article 14 identifies legacy as a key goal from hosting the Olympic Games (International Olympic Committee, 2007). Subsequently a number of scholars began researching in this area, a topic of research that continues today. Holger Preuss (2007) proposed a model conceptualizing both the tangible and intangible legacies associated with hosting the Olympic Games. Debate over the past decade has centered around how long it takes to be able to identify a legacy rather than an impact.

Organizing committees are more concerned with the logistics of hosting a successful event rather than focusing on the legacies associated with hosting (Kaplanidou, 2014). Another theme that has arisen in this area is the rising doubts over whether economic benefits accrue from hosting these events. There has also been a focus on the potential social impacts of hosting centered on intangible impacts and legacies such as social capital (Misener et al., 2006) and psychic income (Gibson et al., 2014). In recent years, as broader concerns over sustainability have been integrated into the sport and tourism literatures, we have seen a growing focus on the environmental impacts of hosting these mega events (Gaffney, 2013).

Chalip (2017) argues that we should trade legacy for leverage. Legacy focuses on outcomes that are relevant to the event itself, and not the host destination. This takes the focus of the unique context of each host destination, and how the host can best benefit.

Figure 2 A group of Japanese basketball fans watch game between the U.S. and Japan during FIBA Basketball World Cup 2019 in Shanghai

Photo graphed by Erwei Dong

Laurence Chalip, another part of the core group of researchers working on sport tourism related topics, had been involved in the Australian research team formed around the 2000 Sydney Olympic Games. In tackling the issue that had been plaguing the hosting of events, and initially the economic benefits (Chalip et al., 2002) and later the social benefits (Chalip, 2006), Chalip introduced the concept of event leveraging (Chalip, 2004). In studies on the Gold Coast in Australia he (Chalip et al., 2002) suggested that economic (and other) benefits did not just occur in communities, that they had to be strategically managed to accrue. In this discussion on leveraging for outcome, Chalip's suggestion took the focus off event impact and put it instead on the processes involved in maximizing the outcomes of an event for a community. Chalip (2014) claimed it is: "no longer suitable merely to host an event in the hope that desired outcomes will be achieved; it is necessary to form and implement strategies and tactics that capitalise fully on the opportunities each event affords." (p.245)

The concept of leveraging has gone on to become a key topic in sport event tourism. Event leveraging views the event as the "seed capital" from which strategies to produce benefits are devised (O'Brien, 2006). Event leveraging takes an ex-ante approach, where strategies to achieve hoped for outcomes are devised in the planning phase of the event, as opposed to an ex-post approach where impacts and legacy are examined after the event (Chalip, 2016, 2017; O'Brien et al., 2007). Given that destinations often use a considerable amount of tax payer funding to bid for and host sport events, Chalip (2017) argues that event hosts are morally bound to maximize the benefits from the event and distribute the benefits beyond the host city(Figure 2). Recent research has suggested that the formalized event hosting rights agreements between the event rights owner and the host city may be potentially limiting the ability of the host destination to benefit from the event by preferring global suppliers over local businesses (Kelly et al., 2019).

Another reaction to the negative impacts associated with hosting mega sporting events has been for communities to focus on what Higham (1999) called small-scale sport events. Increasingly, communities are centering their tourism development on event hosting (Pouder et al, 2018) and in the US, local tourism and government agencies have been established to specifically bid for and organize small-scale sports events. These sports commissions, as they are called, are often funded by the tourism marketing tax, and their justification is that this investment in funding will generate more revenue in the form of sport tourists who will come to participate in small-scale sports events either as a spectator or an active participant. In the US, and in many parts of the western world, the number of youth sport events has increased significantly over the past ten years, with one estimate showing that travel associated with youth sport events is $19.2 Billion in the US and $24.9 Billion Worldwide (Wintergreen Research, Inc 2019).

While destinations are adopting strategies to leverage small-scale events based on what has been successful for mega-events, more research is needed to create and test leveraging strategies for small-scale events (Kelly et al., 2018b).

When we return to our discussion on the different types of sport tourism over the past ten years, with some of the trends described above, most of the attention has been on sport events, whether the mega events or the small-scale events. In fact, as we mentioned at the start of this paper, national level governments have experimented with sport tourism initiatives, which have been largely implemented as a tourism development tool. Australia, the

UK, Canada, and South Africa are some of the nations that have at one time or the other initiated sport tourism initiatives. Unfortunately, these initiatives have not been that successful, largely because they were centered on the hosting of mega and larger scale sport events at the detriment of ignoring small-scale sport events and the other forms of sport tourism.

Event portfolios, that consider a collective of events staged in a destination, rather than events singularly, has been more inclusive of smaller scale events (Getz, 2008). Based on the portfolio approach used in the financial management of asset portfolios, considering a destination's events collectively as a portfolio, helps to maximise resources and benefits, produce sustainable outcomes, while reducing risk (Chalip, 2005; Getz, 2008; Ziakas, 2010). The portfolio approach advocates collaboration, coordination, and cross-leveraging among the stakeholders of multiple events, to maximise benefits to the destination (Kelly et al., 2018a; Ziakas, 2014). Through considering a collective of events, the destination is able to strategically appeal to different target markets, distribute events over time and space throughout the destination, and share knowledge and resources benefits to the host destination (Ziakas, 2014). However, much of the work on event portfolios has been conceptual or focused on destinations that have not strategically leveraged the portfolios. More research in this area is needed.

As a possible consequence of focusing on sport event tourism, the development of research on active sport tourism and nostalgia sport tourism has been limited over the past ten years. Most of the research on active sport tourism has focused on the physically active sport event participants (Gillet et al., 2006) and not so much on the traditional golf or snow sports tourist. An exception to this is the growing focus on the carbon footprint of active sport tourists (Wicker, 2018) and the growth in cycling events and the associated research in this area (Buning et al., 2015).

Nostalgia sport tourism has always received less research attention. Some of this is related to the continued debate as to whether nostalgia sport tourism is not just another form of heritage tourism (Fairley et al., 2005; Ramshaw et al., 2005). However, a small group of researchers persist in this area and have contributed to our understanding of the attachment sport fans have to sporting facilities (Ramshaw et al., 2013), the theming of towns around sports history (Fyfe, 2008), to social groups and experiences (Fairley, 2003), and recently the blending of active and nostalgia sport tourism in the form of a cycle tour asso-

Figure 3 Okinawa City government group (Japan) visit China Martial Arts Museum located in Shanghai University of Sport

Photo provided by Erwei Dong

ciated with the Tour de France (Fairley et al., 2018) (Figure 3). Still, this work remains the minority focus within the domain of sport tourism.

Going forward, the overwhelming focus appears to be on sport events. In fact, the focus on events began to overshadow sport tourism about five years ago. Similar to the start of sport tourism as an area of practice and research, many scholars in the world of events and event management did not acknowledge that these sport events actually constituted sport tourism (Gibson, 2017). However, it has been industry initiatives over the past few years that seem to have revived interest in sport tourism, particularly at the community level. The travel associated with youth sport and the many events that are hosted at the community level in many western countries seems to be fueling this renewed focus this time, rather than the mega events that fueled the growth over two decades ago.

References

BOJANIC D, WARNICK R, 1995. Segmenting the market for winter vacations [J]. Journal of travel and tourism marketing (4): 85–96.

BUNING R, GIBSON H, 2015. The evolution of active sport event travel careers [J]. Journal of sport management (29): 555–564.

CHALIP L, 2004. Beyond economic impact: a general model for sport event leverage [M]//RITCHIE B, ADAIR D. Sport tourism: interrelationships, impacts and issues. Clevedon: Channel View Publications, 226–252.

CHALIP L, 2006. Towards social leverage of sport events [J]. Journal of sport & tourism, 11 (2): 109–127.

CHALIP L, 2017. Trading legacy for leverage [M]// BRITTAIN I, BOCARRO J, BYERS T et al., Legacies and mega events: fact or fairy tales?. London: Routledge, 45–62.

CHALIP L, LEYNS A, 2002. Local business leveraging of a sport event: managing an event for economic benefit [J]. Journal of sport management (16): 132–158.

DANN G, THEOBALD W F, 1994. Tourism: the nostalgia industry of the future [J]. Global tourism the next decade, 56–67.

KNOP D P, 1987. Some thoughts on the influence of sport tourism [J]. Report of the program committee for the Adi, 38–45.

KNOP D P, 1990. Sport for all and active tourism [J]. World leisure and recreation (32): 30–36.

FAIRLEY S, 2003. In search of relived social experience: group-based nostalgia sport tourism [J]. Journal of sport management (17): 284–304.

FAIRLEY S, GAMMON S, 2005. Something lived, something learned: nostalgia's expanding role in sport tourism [J]. Sport in society, 8 (2): 182–197.

FAIRLEY S, GIBSON H, LAMONT M, 2018. Temporal manifestations of nostalgia: le tour de france [J]. Annals of tourism research (70): 120–130.

FAIRLEY S, KELLETT P, GREEN B C, 2007. Volunteer travel: motives for volunteering at the Athens Olympic Games [J]. Journal of sport management (21): 41–57.

FAIRLEY S, KELLY D, 2017. Leveraging pre-games training for mega-events in non-host cities [J]. Marketing intelligence and planning, 35(6): 740–755.

FYFE D, 2008. Birthplace of baseball or village of museums? The packaging of heritage tourism in Cooperstown, New York [J]. Journal of sport & tourism, 13 (2): 135–153.

GAFFNEY C, 2013. Between discourse and reality: the un-sustainability of mega-event planning [J]. Sustainability (5): 3926–3940.

GIBSON H, 1998a. Sport tourism: a critical analysis of research [J]. Sport management review (1): 45–76.

GIBSON H, 1998b. The wide world of sport tourism [J]. Parks and recreation september, 108–114.

GIBSON H, 2017. Sport tourism and theory and some other developments: some reflections [J]. Journal of sport & tourism, 21(2): 153–158.

GIBSON H, ATTLE S, YIANNAKIS A, 1998. Segmenting the sport tourist market: a lifespan perspective [J]. Journal of vacation marketing (4): 52–64.

GIBSON H, YIANNAKIS A, 1992. Some correlates of the sport lover (tourist): a life course perspective [Z]. Presented at the North American Society for the Sociology of Sport Conference, Toledo, OH, USA, November 4–7, 1992.

GIBSON H, WALKER M, THAPA B, et al., 2014. Pyschic income and social capital among host nation residents: a pre-post analysis of the 2010 FIFA World Cup in South Africa [J]. Tourism management (44): 113–122.

GILLET P, KELLY S, 2006. "Non-local" masters games participants: an investigation of competitive active sport tourist motives [J]. Journal of sport & tourism, 11 (3–4): 239–258.

GLYPTIS S, 1982. Sport and tourism in Western Europe [M]. London: British Travel Educational Trust.

GLYPTIS S, 1991. Sport and tourism [M]// COOPER C P. Progress in tourism, recreation and hospitality management. Vol 3. London: Belhaven Press, 165–183.

GLYPTIS S, JACKSON G, 1993. Sport and tourism: mutual benefits and future prospects [Z]. Paper presented at Leisure in Different Worlds, the Third International Conference of the Leisure Studies Association, Loughborough University, UK, July 14-18, 1993.

GURSOY D, KENDALL K, 2006. Hosting mega events: modeling locals' support [J]. Annals of tourism research (33): 603-623.

HALL C, 1992. Adventure, sport and health tourism [M]//Weiler B, Hall C M. Special interest tourism. London: Bellhaven Press, 141-158.

HIGHAM J, 1999. Commentary: sport as an avenue of tourism development: an analysis of the positive and negative impacts of sport tourism [J]. Current issues in tourism, 2 (1): 82-90.

HUDSON S, 2000. The segmentation of potential tourists: constraint differences between men and women [J]. Journal of travel research(38): 363-368.

KAPLANIDOU K, 2012. The importance of legacy outcomes for Olympic Games four summer host cities residents' quality of life: 1996-2008 [J]. European sport management quarterly, 12 (4): 397-433.

KAPLANIDOU K, GIBSON H, 2010. Predicting behavioral intentions of active event sport tourists: the case of a small scale recurring sports event [J]. Journal of sport & tourism (15): 163-179.

KELLY D, FAIRLEY S, 2018a. The utility of relationships in the creation and maintenance of an event portfolio [J]. Marketing intelligence & planning, 36(2): 260-275.

KELLY D, FAIRLEY S, 2018b. What about the event? How do tourism leveraging strategies affect small-scale events? [J]. Tourism management, 64: 335-345.

KELLY D, FAIRLEY S, O'BRIEN D, 2019. It was never ours: formalised event hosting rights and leverage [J]. Tourism management, 73: 123-133.

LEE C, TAYLOR T, 2006. Critical reflections on the economic impact assessment of a mega-event: the case of 2002 FIFA World Cup [J]. Tourism management, 26: 595-603.

LOY J, 1968. The nature of sport: a definitional effort [J]. Quest, 10(1): 1-15.

MISENER L, MASON D, 2006. Creating community networks: can sporting events offer meaningful sources of social capital? [J]. Managing leisure, 11(1): 39-56.

Lewis G, Redmond G, 1974. Sporting heritage: a guide to halls of fame, special collections, and museums in the US and Canada [M]. New York: A.S. Barnes.

NOGAWA H, YAMGUCHI Y, HAGI Y, 1996. An empirical research study on Japanese sport tourism in sport-for-all events: case studies of a single-night event and a multiple-night event [J]. Journal of travel research, 35(2): 46-54.

O'BRIEN D, 2006. Event business leveraging The Sydney 2000 Olympic Games [J]. Annals of tourism research, 33(1): 240-261.

PATHIK D, 2017. How Kids' Sports Became a $15 Billion Industry [DB/OL]. http://time.com/4913687/how-kids-sports-became-15-billion-industry/?xid=homepage&pcd=hp-magmod.

POUDER R, CLARK D, FENICH G, 2018. An exploratory study of how destination marketing organizations pursue the sports tourism market [J]. Journal of destination marketing & management, 9: 184-193.

PREUSS H, 2007. The conceptualization and measurement of mega sport event legacies [J]. Journal of sport & tourism, 12: 207-228.

RAMSHAW G, GAMMON S, 2005. More than just nostalgia? Exploring the heritage/sport tourism nexus [J]. Journal of sport tourism, 10 (4): 229-241.

RAMSHAW G, GAMMON S, HUANG W, 2013. Acquired pasts and the commodification of borrowed heritage: the case of the bank of America stadium tour [J]. Journal of sport & tourism, 18 (1): 17-31.

REDMOND G, 1990. Points of increasing contact: sport and tourism in the modern world [C]// Proceedings of the Leisure Studies Association Second International Conference, Leisure, Labour, and Lifestyles: International Comparisons, Conference Papers. Eastbourne, UK: LSA Publications, 158-169.

Redmond G, 1981. The world's sports museums [J]. Sports International, 31-34.

RITCHIE J R B, 1984. Assessing the impact of hallmark events [J]. Journal of travel research, 23: 2-11.

RITCHIE J R B, 1999. Lessons learned, lessons learning: insights from the calgary and Salt Lake City Olympic Winter Games [J]. Visions in leisure and business, 18 (1): 4-13.

STANDEVAN J, DE KNOP P, 1999. Sport tourism [M]. Human kinetics (Europe), 356.

WATSON G L, KOPACHESKY J P, 2002. Interpretations of tourism as commodity [J]. Annals of tourism research, 21(3):643-660.

WEED M, BULLull C, 1997. Integrating sport and tourism: a review of regional policies in England [J]. Progress in tourism and hospitality research, 3(2): 129-147.

WEILER B, HALL C M, 1992. Special interest tourism [M]. London: Bellhaven Press.

WICKER P, 2018. The carbon footprint of active sport tourists: an empirical analysis of skiers and boarders [J]. Journal of sport & tourism, 22 (2): 151-171.

WILLIAMS P W, Basford R, 1992. Segmenting downhill skiing's latent demand markets [J]. The American behavioral scientist, 36(2): 222-235.

ZHOU Y, AP J, 2009. Residents' perceptions towards the impacts of the Beijing 2008 Olympic Games [J]. Journal of travel research, 48(1): 78-91.

ZIAKAS V, 2010. Understanding an event portfolio: the uncovering of interrelationships, synergies, and leveraging opportunities [J]. Journal of policy research in tourism, leisure and events, 2(2): 144-164.

ZIAKAS V, 2014. Planning and leveraging event portfolios: towards a holistic theory. Journal of hospitality marketing & management, 23(3): 327-356.

美国体育旅游区域运营机制研究：以美国国家运动委员会为例

Regional Operation Mechanism of Sport Tourism in the United States: A Case Study of Sports Events and Tourism Association

文 / 栗雪雯　陈雯　徐晟辉　董二为

【摘　要】

近年来，体育旅游作为新兴的融合业态，在旅游业和体育产业中的作用日益显著，而美国体育旅游发展水平位居世界前列，体育旅游区域组织在产业运营中的作用至关重要。本文采用文献资料法、数理统计法等研究方法，从美国体育旅游区域组织的分布现状和相关性角度进行分析，以期探索符合中国特色的体育旅游发展之路。研究发现：非营利组织在美国体育旅游运营中占主导地位，美国体育旅游产业注重休闲的推动力，已发展到重视社会效益而淡化经济效益的程度。

【关键词】

美国体育旅游；运营机制；体育旅游组织

【作者简介】

栗雪雯　上海体育学院休闲学院/休闲与体育旅游研究中心硕士研究生

陈　雯　上海体育学院休闲学院硕士研究生

徐晟辉　上海体育学院休闲学院/休闲与体育旅游研究中心硕士研究生

董二为　通讯作者，美国亚利桑那州立大学教授

1 导言

体育是经济发展和振兴的重要推力之一，美国的体育旅游对旅游产业的产值贡献超过25%，是休闲旅游的重要组成部分，且拥有深厚稳定的群众基础和完善的社会保障。美国经济分析局发布的 Travel and Tourism 数据显示，2017年美国体育旅游直接产出为152.44亿美元，占全年总产值的1.6%；贡献相关就业人数33.8万人次，占全年相关就业总数的4.3%。由此可见，美国体育旅游产业为美国旅游业市场作出了巨大贡献，且为社会提供了大量的就业机会，对社会经济发展具有促进作用（图1）。体育旅游组织作为体育旅游产业的重要组成部分，其组织构成和分布也将间接反映体育旅游产业的运营模式。

2 相关概念界定

近些年，体育旅游的曝光率不断上升，各方对于体育旅游姓"旅"还是姓"体"存在很大争议。国内外关于体育旅游的相关研究快速发展，但对基础理论和概念还未有明确的研究界定，不同利益主体对体育旅游的理解认识也存在差异。加拿大体育旅游联盟将体育旅游定义为人们被吸引到特定地点参与体育活动、观看体育赛事、参观体育景点或参加商务会议的任何活动。

希瑟·吉布森（Heather Gibson, 2005）将体育旅游定义为"基于休闲的旅行"，让个人暂时离开他们的家庭社区参加体育活动（积极运动旅游），观看体育活动（赛事

图1 美国北卡罗来纳州格林斯堡市棒球赛　　　　栗雪雯/摄

体育旅游），或者参观与体育活动相关的景点（怀旧体育旅游）。国内学者李海、盘劲呈（2018）在《中外体育旅游研究进展与评述》中认为体育旅游概念逐渐被分为两类：一是体育旅游活动本身的参与性及以运动为特征的旅行方式，二是围绕体育旅游的连带、辐射效应进行定义。

从国内外对体育旅游的定义上来看，对体育旅游概念的界定涉及体育旅游活动的各个行动主体和环节。本文分别从宏观和微观视角来定义体育旅游。从微观角度上，体育旅游本质上是个体在旅行过程中体验和感受不同体育项目带来的身体和心理上的冲击感、愉悦感以及对地域文化的尊崇认同感；从宏观角度上，体育旅游是体育旅游者、体育旅游组织、体育旅游目的地、体育旅游产品等内容的集合，是体育旅游者对体育旅游组织所提供的产品进行选择、决策、执行、反馈的一系列过程的产物。

3 美国体育旅游区域组织发展现状

3.1 区域组织简介

在体育旅游管理体制方面，美国政府主要采用政策导向与经济调控的战略，分为行政管理体制和社会管理体制两方面，以提高体育旅游产业的社会效益。由美国国会—商务部（美国国家旅行和旅游办公室）、内务部（公园管理局）、农业部（森林管理局）—各州旅游局—各县旅游局—旅游区管理部门组成体育旅游的行政管理体制；由美国旅游推广协会（Go USA）—各州旅游协会—各县旅游协会—旅游区协会组成体育旅游的社会管理体制。美国体育旅游管理体制中的最大受益方是地方政府和企业，联邦政府给予地方政府以极大的支持和自由，地方政府对当地企业在体育旅游方面的发展给予相关优惠政策，例如向非营利组织捐赠的机构和个人等捐赠者予以税收优惠；同时，企业也为

地方经济发展贡献力量，提高当地经济活力，创造就业机会。地方政府和企业相互促进、相互影响，共同推动体育旅游业发展和体育旅游生态环境保护。

本文以美国特有的国家运动委员会（National Assocation of Sports Commissions，简称NASC）为主要研究对象。NASC成立于1992年，是美国唯一的非营利性501(c)(3)体育旅游行业的贸易组织。该组织是美国体育旅游产业中所有利益相关者沟通的平台，为主办机构、赛事所有者和参与该行业的供应商提供会员导向的沟通网络、继续教育计划和包容性人才库，并被美国体育界和旅游界的专业人士视为第一资源。NASC的服务内容主要包括四个方面：

（1）高水平的会员服务。只有被相关部门登记在册的组织或法人代表，才有资格注册成为NASC会员，会员可享受体育旅游行业的优惠折扣、行业最佳实践案例、900多个活动组织者信息、会员名录以及800多家行业供应商名录。

（2）专业的发展机会。包括仅对会员开放的体育赛事执行官（Certified Sports Event Executive）认证、长期有效的会员在线学习、每年至少12次的网络研讨会以及NASC虚拟活动市场系列，主要内容为活动所有者的经验、信息分享。

（3）有影响力的会议和活动。NASC每年举办四场大型会议，其中NASC体育赛事研讨会以体育市场为特色，为体育赛事和旅游专业人士提供可衡量投资回报率的解决方案，是体育赛事和旅游市场中规模最大的反向贸易活动。

（4）前沿的研究资料。NASC会员拥有使用和查看NASC最新研究成果的资格，包括经济影响计算器、事件RFP数据库、行业报告和白皮书等。

因此，NASC作为美国体育旅游区域组织的代表，其会员构成及分布情况在一定程度上反映了美国体育旅游区域组织的发展现状及其运行机制。本文利用文献资料法和数理统计法，对所有NASC会员及其所在地进行分类和相关性分析。截至2018年8月17日，NASC正式注册成员数为791，包括779位美国本土注册会员、9位加拿大籍会员、2位英国籍会员和1位法国籍会员，其会员数量分布见表1。

表1 NASC注册会员数量统计表

会员	会员数	会员	会员数
得克萨斯州（Texas）	59	新泽西州（New jersey）	10
佛罗里达州（Florida）	50	俄勒冈州（Oregon）	10
加利福尼亚州（California）	46	马萨诸塞州（Massachusetts）	9
伊利诺伊州（Illinois）	33	内华达州（Nevada）	9
俄亥俄州（Ohio）	33	犹他州（Utah）	9
北卡罗来纳州（North Carolina）	32	阿肯色州（Arkansas）	8
佐治亚州（Georgia）	30	爱荷华州（Iowa）	8
弗吉尼亚州（Virginia）	30	哥伦比亚特区（District of Columbia）	7
威斯康星州（Wisconsin）	28	密西西比州（Mississippi）	6
科罗拉多州（Colorado）	27	南达科他州（South Dakota）	5
宾夕法尼亚州（Pennsylvania）	23	特拉华州（Delaware）	4
印第安纳州（Indiana）	22	北达科他州（North Dakota）	4
明尼苏达州（Minnesota）	22	新罕布什尔州（New Hampshire）	4
密歇根州（Michigan）	22	夏威夷州（Hawaii）	3
亚拉巴马州（Alabama）	21	新墨西哥州（New mexico）	3
马里兰州（Maryland）	21	佛蒙特州（Vermont）	3
密苏里州（Missouri）	21	康涅狄格州（Connecticut）	2
田纳西州（Tennessee）	20	蒙大拿州（Montana）	2
南卡罗来纳州（South carolina）	17	西弗吉尼亚州（West Virginia）	2
纽约州（New York）	16	怀俄明州（Wyoming）	2
堪萨斯州（Kansas）	15	阿拉斯加州（Alaska）	1
华盛顿州（Washington）	15	爱达荷州（Idaho）	1
肯塔基州（Kentucky）	14	缅因州（Maine）	1
亚利桑那州（Arizona）	13	罗得岛州（Rhode Island）	1
路易斯安那州（Louisiana）	13	加拿大	9
俄克拉荷马州（Oklahoma）	12	英国	2
内布拉斯加州（Nebraska）	10	法国	1
总数（仅限美国本地）		779	
总数		791	

3.2 区域组织的分类

根据会员的不同属性和服务对象，791个NASC会员共分为五大类（表2），分别是：

（1）Ⅰ类会员。营利性公司，指带有体育性质的相关企业、旅游服务业供应商等，如连锁酒店、赛事服务公司、体育器材供应商等以营利为第一目的的公司法人。

（2）Ⅱ类会员。目的地营销组织，包括会展局（Convention & Visitors Bureau）和公园游憩部门（Recreation & Parks），两者均为非营利组织，旨在增加该地区的游客和游客消费来促进当地经济发展。

（3）Ⅲ类会员。官方体育机构，包括体育委员会、单项运动协会，指美国各地区与体育工作有关的职能部门或运动协会。

（4）Ⅳ类会员。大学体育，指大学体育赛事联盟和大学生运动协会等相关组织，如美国大学体育协会、堪萨斯大学体育大会等。

（5）Ⅴ类会员。其他，指各种以体育为载体，组织并运营的非企业性质的赛事联盟，以及与体育和体育旅游有关的非营利组织，包括慈善机构、体育基金会、地区商会和体育论坛等。

具体情况如表2所示。

3.3 区域组织的分布特点
3.3.1 美国各州NASC会员的分布特点

美国各州NASC会员的分布特点如下（表3）：

（1）得克萨斯州拥有的NASC会员数量最多。在美国各州的分布中，得克萨斯州拥有的会员数量最多，共有59位，占总数的7.5%；其次是佛罗里达州，会员数量为50位，占总数的6.1%；排名第三的是加利福尼亚州，共有46位会员，占总数的5.7%。同时，得克萨斯州和佛罗里达州均属于美国南部地区，加利福尼亚州属于美国西部地区，表明美国南部地区NASC会员密集程度居于首位。

（2）大部分地区拥有Ⅱ类会员的数量最多。NASC会员数量分布并不平衡，大部分地区的会员数量均以Ⅰ类、Ⅱ类、Ⅲ类会员为主，其中又以Ⅱ类数量最多，只有个别地区，如佛罗里达州、科罗拉多州等拥有的Ⅲ类会员数量超过Ⅱ类会员数量，表明这些地区拥有更多的国家管理机构。

（3）前三类会员的整体分布较平均。Ⅰ类、Ⅱ类、Ⅲ类会员分别涉及美国的40个、44个和41个州，表明这三类会员所涉及的地区较为一致，整

表2 五大类NASC会员数量统计表

分类	内容	总计/位	占比/%
Ⅰ	营利性公司	164	20.7
Ⅱ	目的地营销组织	371	46.9
Ⅲ	官方体育机构	170	21.5
Ⅳ	大学体育	15	1.9
Ⅴ	其他	71	9.0
美国本地数量		779	
总计		791	

表3 总数前五位的各州NASC会员分布表

州名	分类					总计/位	占比/%
	Ⅰ/位	Ⅱ/位	Ⅲ/位	Ⅳ/位	Ⅴ/位		
得克萨斯州	15	28	12	1	3	59	7.5
佛罗里达州	9	10	20	2	9	50	6.3
加利福尼亚州	9	23	9	2	3	46	5.8
伊利诺伊州	9	18	3	0	3	33	4.2
俄亥俄州	12	14	4	1	2	33	4.2

体分布较均衡。其中Ⅰ类会员所涉及的州数最少，表明与非营利组织和国家管理机构相比，营利性企业在区域性体育旅游中并不占优势；其次为Ⅴ类会员，共分布于美国的31个州，稍逊于前三类会员的分布面积，表明与体育有关的非营利组织分布面积有限，未达到全国覆盖的程度；而只有11个州拥有Ⅳ类会员，表明该类会员所涉及区域最小，也说明拥有显著影响力的大学体育机构的分布较为集中。

（4）非美国本地的会员主要来自加拿大、英国和法国。这表明美国NASC不仅限于吸纳本国会员，更有国际会员加入，其组织更具有国际性影响力，同时获得了更多营利性公司的青睐。而加拿大多位非营利组织会员的加入也表明美国和加拿大之间有频繁来往的旅游人口，区域间旅游行业繁荣。

3.3.2 五类NASC会员的分布特点

（1）Ⅰ类会员（营利性公司）分布特点。美国各州拥有Ⅰ类会员的数量差距较大，会员在得克萨斯州和俄亥俄州的聚集程度最高。Ⅰ类会员的分布共涉及美国的40个州，占美国总州数的78.4%，其中各州的会员数量从1位到15位不等，57.5%的州拥有NASC会员的数量在3位以下（包括3位），最少的地区仅拥有1位Ⅰ类会员，表明一半以上的地区拥有的NASC会员数量十分稀少，总体两极差距较大，数量分布不均衡。

（2）Ⅱ类会员（目的地营销组织）分布特点。在五类NASC会员中，Ⅱ类会员的分布最广泛。其中，得克萨斯州拥有的Ⅱ类会员数量最多，其次是加利福尼亚州和北卡罗来纳州。整体来看，Ⅱ类会员在所有NASC会员中的数量最多，所涉及的美国州数也最多，共涉及美国的44个州，仅有29.5%的地区拥有3位以下（包括3位）Ⅱ类会员，表明Ⅱ类会员的整体分布较为平衡，涉及面积最为广阔，也间接体现出非营利组织的公益性与普及性。

（3）Ⅲ类会员（官方体育机构）分布特点。Ⅲ类会员数量分布的两极化现象严重。其中，佛罗里达州拥有Ⅲ类会员数量最多，其次为科罗拉多州和得克萨斯州。整体来看，Ⅲ类会员的分布区域共涉及美国的41个州，其涉及州数仅次于Ⅱ类会员。同时，58.5%的地区仅拥有3位以下（包括3位）Ⅲ类会员，表明Ⅲ类会员的分布虽涉及地区广泛，但数量分布的两极分化严重，美国与体育运动有关的国家或地区管理机构设置集中，优秀资源集中化程度较高。

（4）Ⅳ类会员（大学体育）分布特点。Ⅳ类会员数量最少，涉及州数最少。Ⅳ类会员的分布仅涉及美国的11个州，且每州拥有NASCⅣ类会员的数量均为1~2位，整体数量较少，且涉及州数有限，涉及面积较小。这表明与体育旅游有关的大学体育组织数量较少，聚集化程度低，与其他类别的非营利组织相比，其普及程度较低，受众人群有限。

（5）Ⅴ类会员（其他）分布特点。Ⅴ类会员涉及州数较少，各州分布较均匀。在美国本地，Ⅴ类会员的分布所涉及的美国州数为31个，其中拥有会员数量最多的州为佛罗里达州，会员数量为9位，占总数的12.7%；其次是佐治亚州和华盛顿特区，分别占总数的8.5%和15.6%；而拥有会员数量在3位以下（包括3位）的地区共占总州数的90.3%，表明与Ⅱ类会员所代表的主流体育旅游非营利组织相比，Ⅴ类会员的整体分布数量较少，涉及区域较小，且并无明显的聚集化现象。

3.4 相关性分析

3.4.1 五类会员与人口、GDP、面积之间的相关性分析

在本文中，美国NASC会员代表了美国区域性体育旅游组织的数量，其数量的变化可能与地区面积、人口、经济发展程度、当地高校数量、气候条件、旅游资源等因素存在一定关系。旅游目的地开发依托于旅游资源，在旅游空间生产中，旅游业的发展依附于区域资源条件，地方面积大小反映了可生产的旅游资源的数量，人口数量则代表了客源市场情况及文化发展程度，而经济发展水平则凸显出区域旅游目的地的生产力水平和接待能力等方面的状况。基于此，本文选取美国各州的人口数量、GDP（百万美元）、面积（km^2）为主要影响因素，运用SPSS 20.0软件进行数据处理与统计分析，采用皮尔逊相关系数法，对三大影响因素与五类NASC会员数量进行数据分析，结果如表4所示。

从表4中可以看出，各地区Ⅰ类（营利性公司）、Ⅱ类（目的地营销组织）、Ⅲ类（官方体育机构）、Ⅴ类（其他）会员数量与美国各州人口数量、区域面积以及地区GDP之间呈显著正相关，表明美国各州的GDP水平越高、人口数量越多、各州的区域面积越大，该地区的Ⅰ类、Ⅱ类、Ⅲ类、Ⅴ类NASC会员数量就可

能越多。同时，对Ⅰ类、Ⅱ类、Ⅲ类、Ⅴ类会员数量的影响因素进行横向比较，发现在GDP、人口数量和区域面积三个选项中，各州人口数量是影响该地区NASC会员数量的重要因素，其次是GDP对会员数量的影响，区域面积与会员数量的相关系数最低，影响力最小。

但不可忽视的是，此次调查中的GDP、人口数量和区域面积三个因素，分别与五类NASC会员之间的相关关系存在较大差距，且部分因素与NASC会员的相关系数不具有统计学意义（$p>0.01$或$p>0.05$)，如各州Ⅳ类（大学体育）会员数量与该地区的GDP、人口数量和区域面积之间的相关系数均不具有统计学意义，表明它们之间没有明显关系。整体来看，在具有显著相关的关系中，受当地GDP影响最大的是Ⅰ类会员，其次是Ⅱ类会员和Ⅲ类会员（0.697>0.646>0.485），该排名也同样适用于人口数量因素（0.755>0.697>0.576)，这可能是由于Ⅰ类会员自身性质不同，对当地经济社会发展具有很强的依赖性，因此Ⅰ类会员较多地聚集在人口密集、经济发展程度较高的地区；与此相对应的Ⅱ类和Ⅲ类会员均属于非营利性组织，它们受经济的影响压力相对较低，其性质更具有公益性和社会性，所以与当地GDP和人口数量的相关系数也较低。

3.4.2 美国体育旅游组织与四大职业联赛的相关性分析

美国四大联赛作为主要观赏型体育旅游资源，受到各界的广泛关注。参赛球队作为四大联赛的重要构成部分，其分布情况在一定程度上可以折射出不同区域经济、文化、体育等的发展情况，进而影响体育旅游组织供给内容的选择和决策。因此，通过对美国各州四大联赛球队总数和各州体育旅游组织数量进行相关性分析，探究两者之间的内部相

表4 各类NASC会员与人口、GDP、面积相关性分析表

		GDP	人口	面积
Ⅰ类 （公司）	Pearson 相关性	0.697**	0.755**	0.488**
	显著性（双侧）	0.000	0.000	0.001
	N	40	40	40
Ⅱ类 （会展局、 公园游憩部门）	Pearson 相关性	0.646**	0.697**	0.305*
	显著性（双侧）	0.000	0.000	0.044
	N	44	44	44
Ⅲ类 （体育委员会、 协会）	Pearson 相关性	0.485**	0.576**	0.091
	显著性（双侧）	0.001	0.000	0.571
	N	41	41	41
Ⅳ类 （大学体育）	Pearson 相关性	0.315	0.350	-0.022
	显著性（双侧）	0.346	0.292	0.949
	N	11	11	11
Ⅴ类 （其他）	Pearson 相关性	0.340	0.423*	0.096
	显著性（双侧）	0.061	0.018	0.608
	N	31	31	31

**. 在0.01水平（双侧）上显著相关。
*. 在0.05水平（双侧）上显著相关。

关性，将为深化区域体育旅游发展提供数据支撑。

调查显示，各州四大联赛球队数量分布不均，美国四大联赛（NFL、MLB、NBA、NHL）登记在册的球队共计112支，仅分布于27个州，这些球队的分布情况与各州经济政治文化教育密切相关。因此在相关性分析中，全美51个州中仅27个州拥有一定数量的体育旅游组织和球队。根据表5的数据，美国体育旅游组织数量与四大联赛球队数量之间存在显著正相关关系（相关系数$r=0.749$，$p<0.01$），表明在一定区域内四大联赛球队数量越多，存在的体育旅游组织数量可能越多，充分说明了观赛型体育旅游活动将成为美国体育旅游组织机构的主体活动内容之一。

各州四大联赛球队数量间接影响了体育旅游组织的发展，随着各州球队数量的增加，四大联赛的观赏性竞争力越发凸显，同时也吸引了世界各地的球迷游访自己所钟爱的球队所在地（图2），进而促进了体育旅游业的发展。同时，美国体育旅游业的迅速发展在一定程度上刺激了各州体育的发展。在全球旅游需求旺盛的趋势下，特色鲜明、个性化的旅游产品越来越成为各旅游组织机构追求的目标。与此同时，为了提高联赛的精彩程度，追求更多的经济效益，各州球队俱乐部迅速发展，促进了各州体育运动的发展。

4 美国体育旅游区域组织发展对中国的借鉴意义

（1）推动体育旅游经济效益与社会效益双驱并行。体育赛事作为体育旅游的重要吸引力之一，不仅会带来经济效益，也有助于提升社会凝聚力和增强民族认同感，实现自我价值。目前，欧美政府注重体育旅游所带来的社会效益，并提供相应的资金和政策支持，而中国体育旅游以与经济挂钩为主，注重体育赛事对经济的推力，侧重于强调经济效益，忽视了体育旅游所能创造的无形的社会价值。

（2）发展体育旅游非营利服务机构。美国的非营利组织对体育旅游产业起着主导作用，体育赛事与活动大都由这些非营利组织运营与管理，社会组织的参与提高了赛事

图2 美国NBA比赛吸引世界各地的球迷前来观看　　　　　　王奕兢/摄

表5 美国体育旅游组织与四大联赛球队数量相关性分析表

		体育旅游组织	四大联赛球队
体育旅游组织	皮尔森(Pearson)相关	1	0.749**
	显著性（双尾）	/	0.000
	N	51	51
四大联赛球队	皮尔森(Pearson)相关	0.749**	1
	显著性（双尾）	0.000	/
	N	51	51

**. 相关性在 0.01 水平上显著相关（双尾）

的营销水平与知名度，拓展了民众体育旅游参与渠道，并填补了当地政府与企业在区域体育旅游上的空白，使民众可以通过更便捷的方式参与体育旅游。中国可以充分学习美国的体育运动组织管理方式，并结合中国国情，探索中国的体育运动管理和组织模式，有效利用非营利组织的力量完善体育旅游产业服务。

（3）培养本土化常规体育赛事。近年来，越来越多的欧美国家侧重于举办风险较小、成本较低且周期较短的区域年度体育赛事，并将这些赛事作为国际大型体育赛事的替代，其成果显著。相较于发达国家，我国在体育赛事领域的发展时间较短，对国际大型赛事的依赖程度较高，为了体育旅游的可持续发展，培育本土化的体育赛事将是我国未来发展的方向。同时，培养本土化常规体育赛事的过程，也是培养本土体育爱好者的过程，只有不断丰富区域性体育旅游产品和内容，培养一代又一代体育爱好者，才能真正推动中国体育旅游持续发展。

（4）完善体育旅游市场监督机制。在美国，政府机构与非营利组织之间界限分明，美国政府注重对非营利组织财务活动的监督和审查，同时，公众和媒体也在其中扮演着重要的监督角色。在中国，体育旅游作为一项新兴产业，其发展离不开政府部门的政策引导以及相关配套产业政策的支撑。为了创造规范有序、健康文明的体育旅游市场环境，完善体育旅游市场监督机制将是大势所趋。

5 结语

本文重点介绍了非营利体育旅游组织在美国体育旅游业中所起到的媒介作用，其为供应商提供了销售平台，为游客提供了信息平台，连接了体育旅游产业链的B端和C端。其中，在NASC会员中占比最大的目的地营销组织，从休闲的角度拉动了体育旅游，为游客们提供了"一站式"的旅游目的地服务，使人们尽情享受旅行的乐趣，充分体现了旅游的休闲功能，满足了人们的休闲需求。同时，美国体育旅游业发展正逐渐弱化商业运作。在NASC会员中，营利性公司与官方体育机构等非营利部门占同等地位，表明美国体育旅游已经发展到更加注重社会效益、淡化经济效益的阶段，提倡从社会效益中产生经济效益。体育是美国社会的重要组成部分，NASC会员结构的多样性也间接表现出美国社会对体育旅游产业的高度关注和参与的积极性，人们逐渐认识到体育对社会的催化剂作用，体育推动了社区福利的实施，突出了人们对社会和谐及健康生活方式的关注，为政府减轻了无形的负担，并创造了积极的社会氛围。

注 释

美国人口、面积数据来源于美国人口调查局，2010年；GDP数据来源于美国经济分析局，2017年。

参考文献

李海，盘劲呈，2018. 中外体育旅游研究进展与评述[J]. 体育学研究，1(05): 50–60.

Canadian Sport Tourism Alliance, 2018. Retrieved June 30, 2019[EB/OL]. https://www.canadiansporttourism.com.

GIBSON H, 2005. Sport tourism: concepts and theories. An Introduction[J]. Sport in society, 8(2): 133–141.

National Association of Sports Commissions, 2016. Destination sport [R/OL]. [2019-06-30]. https://www.sportscommissions.org.

足球体育赛事的女性观赛意愿影响因素研究
Determinants Influencing Female Spectators' Preferences to Soccer Games

文 / 郭旸 何艳

【摘 要】

国家对体育产业的政策扶持、新媒体对体育传播方式的丰富、女性消费需求的提升,大大增加了女性群体对体育赛事的关注。本文目的在于发现足球体育赛事对女性观赛者的重要性及意义,基于社会交往理论和社会认同理论对女性的足球体育赛事观赛意愿的影响因素进行分析,通过问卷调查、深度访谈、文本分析三种方式对女性观赛者的人生经历和社会力量的影响作用,以及两者对市场行为的作用进行解读。从市场行为来看,女性观赛者具有强烈的观赛和消费的潜在需求,影响观赛意愿的因素会在一定程度上通过市场行为表现出来。通过分析女性观赛意愿的影响因素,探寻观赛意愿和需求的激发动因,进一步研究推动女性体育消费市场行为的策略。

【关键词】

体育赛事;女性观赛者;观赛意愿;影响因素

【作者简介】

郭 旸 复旦大学旅游学系副教授、经济学博士
何 艳 复旦大学旅游学系硕士研究生

1 导言

国务院出台的《关于加快发展体育产业促进体育消费的若干意见》要求体育产业各门类协同发展，积极拓展业态，促进体育旅游、体育传媒、体育会展、体育广告、体育影视等相关业态的发展。丰富体育赛事活动，以竞赛表演业为重点，推动专业赛事发展。《进一步促进体育消费的行动计划（2019—2020年）》鼓励积极引导竞赛观赏消费。支持社会力量举办各级各类赛事活动，打造有影响力、高质量的品牌赛事。加快足球、篮球等职业赛事改革进程，发挥其作为体育消费龙头的带动作用。一系列体育产业领域相关重要文件相继出台，标志着我国对体育产业发展的关注。在体育产业中备受关注的足球领域也相继出台改革政策（表1），要求大力发展足球服务业，积极发展高水平的足球赛事，推动电视转播、媒体广告、网络服务、大众娱乐等相关产业的发展（图1）。

随着互联网的普及和新兴科技的发展，大数据、人工智能、物联网等高新技术已融入体育领域。体育观看、体育参与、全民健身、智能穿戴、社区交流等模式纷纷涌现，极大地促进了体育产业蓬勃发展。依托互联网技术实现了信息传播的互动性，观看赛事的同时可以在体育论坛、体育社区参与讨论；UGC（User Generated Content，用户生成内容）的普及使展现形式多媒体化，体育图片、直播、集锦等内容丰富生动（图2），实现了社交聚合能力的强大升级；竞技大数据让观赛者获得更加专业的信息，产生更为直观的感受。

在女性社会地位有所改变的过程中，经济独立能力和消费水平逐步提升，进入休闲领域的融入感进一步增强。途牛网发布的《体育旅游消费报告》显示，男女体育旅游消费比例为4:6，女性消费者占60%，女性体育消费时代已经到来。对于女性休闲体育行为的研究也逐渐进入学术视野，本文试图从经济分析的视角，结合社会学相关理论，展开足球体育赛事的女性观赛意愿研究。

表1 近年来体育产业相关的政策及思路

政策文件	颁布年份	颁布机构	体育赛事政策思路
《关于加快发展体育产业促进体育消费的若干意见》	2014年	国务院	丰富体育赛事活动，以竞赛表演业为重点，推动专业赛事发展
《国务院关于促进旅游业改革发展的若干意见》	2014年	国务院	加强竞赛表演与旅游活动的融合发展，引导体育运动场所面向游客开展体育旅游服务
《中国足球改革总体方案》	2015年	国务院	促进国际赛事交流。推动中国足球积极参加国际足球赛事，增进交流，提高水平
《中国足球中长期规划（2016—2050年）》	2016年	国家体育总局、国家发改委	大力发展足球服务业。积极发展高水平的足球赛事，推动电视转播、媒体广告、网络服务、大众娱乐等相关产业发展
《体育产业发展"十三五"规划》	2016年	国家体育总局	鼓励利用各类体育社交平台，提升消费体验。创新体育赛事版权交易模式，鼓励支持新兴媒体参与国内赛事转播权的市场竞争
《关于加快发展健身休闲产业的指导意见》	2016年	国务院	鼓励发展多媒体广播电视、网络广播电视、手机应用程序等体育传媒新业态
《关于进一步扩大旅游文化体育健康养老教育培训等领域消费的意见》	2016年	国务院	以足球、篮球、排球三大球联赛改革为带动，在重大节假日期间进一步丰富各类体育赛事活动
《关于大力发展体育旅游的指导意见》	2016年	国家旅游局、国家体育总局	培育赛事活动旅游市场。促进体育赛事与旅游活动紧密结合。鼓励旅行社结合国内体育赛事活动设计开发体育旅游特色产品和精品线路
《进一步促进体育消费的行动计划（2019—2020年）》	2019年	国家体育总局、国家发改委	积极引导竞赛观赏消费。支持社会力量举办各级各类赛事活动，打造有影响力、高质量的品牌赛事。加快足球、篮球等职业赛事改革进程，发挥其作为体育消费龙头的带动作用

图1 中超足球比赛　　　　　　　　　　　图片来源：摄图网

图2 搜狐体育网络社交平台　　　　　　　图片来源：搜狐网

2 研究进展与综述

本文的研究对象为女性观赛者，对女性观赛者的界定是在女性球迷概念的基础上对外延展产生的。女性观赛者指的是至少有过一次观赛行为（包括媒体观赛、现场观赛等）的女性人群（图3）。

首先，是关于体育赛事的研究。国外学者从事件管理角度进行研究的文献数量最多。近年来，随着女性粉丝群体的增加，Mewett和Toffoletti（2008，2012）表现出了更高的对女性体育粉丝群体的研究关注度。国内最早关注体育赛事的学者们多聚焦于体育赛事的应用层面，着眼于体育赛事的开发，以及赛事转播的商业价值等问题。例如戴光全和保继刚（2003）关注了体育赛事所产生的旅游效应。纪宁（2008）聚焦研究体育赛事对于城市品牌打造的影响。其次，是关于体育赛事中女性观赛的研究。Carrie Dunn（2014）研究了女性足球迷的社群与身份认同，发现女性粉丝成长过程中与家庭和粉丝社群的关系密切相关，探讨了女性粉丝支持足球运动的具体表现和行为模式。Mumcu、Lough 等（2016）提出情感认知态度对女性体育粉丝的消费目的具有预测性，刺激和消遣是女性运动的两个突出的产品属性，可以借此预测女性粉丝的消费目的。邱亚君、梁名洋和许娇（2012）基于社会性别理论，探讨了女性休闲体育行为限制因素，强调了在特定的社会文化背景下的构建关系。高倩（2018）深入研究了女性球迷的观赛动机及行为选择，基于组织行为学理论对女性球迷观赛情况进行了回归分析。最后，是关于女性消费的研究。帅庆（2016）认为情感需求、市场侵蚀、消费文化等是促使女性情感消费的主要原因。赵群、孙淑红（2017）深入挖掘了影响女性消费的主客观因素，客观因素包括家庭影响、学校教育影响、大众媒体影响；主观因素包括价值观影响、消费心理影响、理财能力的影响。马德浩、季浏（2015）总结了女性体育消费的特点，将女性体育消费结构划分为实物型、参与型、观赏型，探讨了制约三种结构类型市场开发的因素。

3 理论基础与研究设计

本文主要从社会交往和社会认同理论视角分析女性观赛者的观赛意愿和影响因素，以及在观赛过程中的经济行为，研究女性观赛者在观赛过程中的群体意识和群体互动表现。

3.1 理论基础

社会交往理论基于加里·贝克尔的社会经济分析视角，将人与人之间的相互作用关系纳入消费者需求理论体系，假定不同人的各种性格可以影响某些人的效用函数，强化了社会属性和交往行为的意义。该理论用于分析市场中的歧视和偏好问题，对分析非货币的动机问题给予了更多的探讨，以此对市场中的选择进行量化分析。社会交往理论表明，在社会中很多选择都由过去的经历和社会力量的影响而决定。个人偏好的定义可以扩充至个人的习惯与迷恋、同辈的压力、父母对孩子的影响、广告作用、同情心理，以及其他经济行为。本文基于社会交往理论中的人生经历、社会力量、市场行为之间的互动关系，探讨女性观赛者的人生经历和社会力量对观赛意愿的影响。

社会认同理论基于亨利·泰弗尔（Henry Tajfel）提出的社会心理学研究理论，对社会现象中的群体行为展开分析，理论重点在于个体与群体的关系。所谓社会认同，指的是个体认识到他（或她）属于特定的社会群体，同时也认识到作为群体成员的情感和价值意义。人们对于社会认同的追求是群体间冲突和歧视的根源，对属于某群体的意识会强烈地影响人们的态度和行为。个体角色特征对行动取向有影响，群体成员需要更高层面的认同感。

3.2 研究设计

基于本文研究对象选定为女性观赛者，研究对象相对普及且广泛，选择采用问卷调查的方式能了解此类群体整体观赛意愿的影响因素特

图3 英国国家队主场温布利球场　　　　郭小麦/摄

征。对其中有代表性的观赛女性开展进一步的深度访谈，深入了解其观赛经历、观赛感受、个人成长经历和社会力量带来的影响，基于统计数据分析结合个别案例的典型研究，从整体和个体两方面讨论女性观赛者的观赛意愿影响因素。相对于一般女性观赛者，观赛程度更深的女性在观赛时间、观赛频率、观赛热情等诸多方面表现不同，因此将其作为女性观赛者中的细分人群进行讨论，进一步观察不同细分群体的观赛意愿特性。

本次研究的数据来源于问卷调查、深度访谈和文本分析，其中通过线上问卷发放共获得327份有效答卷，同时选择了8位不同身份背景的女性观赛者进行深度访谈，文本分析来自于"懂球帝"网站每周对女性观赛者的专访新闻内容，除去综合性汇总文章，共有233名女性观赛者接受专访的访谈记录。

具体研究使用SPSS工具对调查问卷进行统计分析，利用频数分析、交叉分析、卡方分析等方法，探寻女性观赛者的人生经历与社会力量对其观赛意愿的影响。访谈采取半结构化的方式，进行一对一的现场交流，根据事先制定好的访谈提纲，进行个性化访谈，在访谈过程中根据受访者对问题的回答及感受，补充开放式问题，以期进一步深入挖掘行为背后意愿影响因素的深层次内容。为保证女性观赛者类型的覆盖范围，分别选择了对足球赛事喜爱和参与度不尽相同的女性观赛者进行访谈。访谈对象基本情况见表2。

针对足球赛事关注度更高的女性球迷，本文对"懂球帝"网站推出的女性球迷新闻专访栏目进行文本

表2 深度访谈对象基本情况列表（N=8）

编号	年龄	赛龄	学历	从事行业	婚姻状况	户籍状况
F1	24	16	硕士	学生	未婚	山东青岛
F2	25	16	硕士	学生	未婚	浙江温州
F3	24	15	本科	学生	未婚	湖北武汉
F4	25	12	硕士	学生	未婚	江苏南京
F5	35	23	本科	互联网	未婚	上海
F6	25	12	硕士	学生	未婚	北京
F7	40	20	博士	教师	已婚、已育	上海
F8	30	3	硕士	行政	已婚、未育	上海

分析，深入了解女性球迷的观赛动机。"懂球帝"是一款专注于足球领域的APP，定位为专业权威的足球网站，内容涉及足球新闻、足球社区、足球电商等。截至2018年12月30日，APP注册用户已超过4000万。用户可以关注球队与球员动态、观看各种足球直播、了解圈子讨论话题、查看比赛进程和数据、购买足球相关的体育用品、体验足球类电子游戏等。"懂球帝"网站每周或隔周推出对女性球迷进行的专访，包括足球节目主持人、足球裁判、足球俱乐部经理等，这部分数据可以作为热爱程度较深的球迷群体的问卷调查数据补充，为深入了解女性球迷对足球赛事的关注提供了丰富的文本数据。通过NCapture进行网页捕获，导入Nvivo11质性分析软件，对其进行编码整理，可以深入挖掘受访女性球迷的观赛意愿影响因子。

4 数据分析与研究结果

基于社会交往理论，将女性观赛者意愿的可能影响因素归结为人生经历和社会力量两部分，并对每部分进行细化。在对人生经历和社会力量的探讨中，将问卷与访谈中获取的数据归类为三个子维度，分别为家庭因素、精神寄托、兴趣影响。结合深度访谈的数据分析在各个维度下影响女性观赛者的因素。

通过对问卷调查结果进行人口统计学特征分析，发现不同年龄段的女性球迷占比存在明显差异，其中占比最高的是26~35岁的女性观赛者，达到45.6%；拥有大学本科学历的女性观赛者占比达到60.9%，拥有研究生学历的女性达到32.4%；已婚女性占比48.0%，未婚女性占比52.0%，基本呈现相对均衡的状态；企业单位的女性观赛者占比达到48.9%，在校学生占比为22%；年均收入水平10万~24万元的女性观赛者占比为43.7%。主体消费人群画像为有适当经济支配能力、拥有良好教育背景的青年女性观赛者。

（1）家庭因素维度

对女性观赛者的问卷进行数理统计，结果显示，原生家庭中成员观看球赛的女性观赛者比例高达59.6%，其中有73.3%的女性观赛者表示在孩童时期即有观看足球赛事的经历，有84.6%的女性观赛者表示第一次观看足球赛事是在其父母的陪同下进行的。可以看出有一半以上的女性在观看足球赛事这件事上受到原生家庭成员的影响。但对女性观赛者进行深度访谈后发现，原生家庭对其观赛的影响是启蒙性的，多数女性观赛者表示虽然在儿时与家庭成员一同观看足球赛事，但对她们的影响并不深刻，较多的感受是被迫的、无奈的、懵懂的，并未因此而喜爱上这一运动，更多的是在日后观看此项运动后回忆起曾经受父母影响的经历。还有受访者（F1、F7）表示其自身的观赛行为也给父母带来了影响，父母在她们的带领下开始观看足球赛事。

在接受调查的女性观赛者中，有84.1%的人表示将观赛视作与伴侣共度美好时光的方式。受访者F8拥有一名球迷伴侣，按她的描述，她自身原本并不是喜爱观看球赛的人士，但在伴侣的影响下共同观看赛事，并办理了联赛年票现场观赛，在观赛经历中逐渐喜爱上这项运动，并在没有伴侣陪伴的情形下也会选择前往观赛。观看足球赛事由最初一方的兴趣偏好，逐渐发展为双方共同的兴趣爱好。受访者F7在未结识伴侣前便是足球赛事的观赛者,其伴侣是一名足球活动的参与者,双方以不同的形式喜爱这项运动。还有一些暂无伴侣的单身女性观赛者表示,希望未来的另一半也能喜爱这项活动,或对自己的这项爱好表示理解与支持。由此可见,共同偏好和意向的培养对于家庭成员会产生正向效用。

（2）精神寄托维度

主队归属感是女性观赛者在精神寄托方面的重要体现,受访的女性观赛者中有79.5%表示在观赛过程中会有强烈的主队归属感。受访者F5是一名观赛经验丰富的女性,拥有23年的观赛经历,并有十分频繁的现场观赛体验,她有自己长期支持的主队,并加入了主队的俱乐部,与主队共进退是她在观赛经历中十分重要的精神支撑（图4）。通过社会认同理论解释主队归属感,发现女性观赛者是在自我概念中基于价值观的一致性形成了与主队合一的感觉。这样的认同会使女性更倾注情感地看待赛事,因为主队的存在使自己不再是单纯的赛事旁观者,而是以支持的方式参与其中。这种有认同感的参与会使女性观赛者更持久、更专注地投入,并使赛事成为生活的重要组成部分。

此外,精神压力的释放、得失感、代入感、民族自豪感、与志同道合的人交往等,也是精神寄托因素的体现。受访者F7表示,自己对于足球赛事的关注源于求学期间有着较大的学习压力,所以通过观赛、写评论、与其他观赛者交流等方式来释放压力,通过在UGC平台上发表评论和见解实现了社会交往。受访者F3表示,出于自己身体素质的原因无法参加较为激励的对抗性运动,因此在观赛过程中会有深刻的代入感,仿佛亲身体验运动场上的体育活动。受访者F1表示经常观赛会让得失心不那么强烈,因为足球赛事具有不可测性,竞技运动胜负皆为常事,因此会更为平和地看待生活中的得失。

（3）兴趣影响维度

受访的女性观赛者中有34.3%表示自己第一次观赛是出于凑热闹

图4 英超切尔西球队荣誉墙　　　　　　　　　郭小麦/摄

图5 足球巨星C罗（克里斯蒂亚诺·罗纳尔多）上演惊天神勾
图片来源：5U体育（https://dy.163.com/article/DRJJDV2I0529883B.html）

的心理，有33%表示初次观赛感受到了赛事的精彩。综合女性观赛者自我总结的喜爱足球赛事的原因，排在前三位的分别是比赛激烈好看（30%）、有喜欢的球员（24.2%）、比赛风格（17.7%），关注比赛本身和关注球员（图5）是两个最主要的原因。由此可以看出，女性是相对需要情感培养和兴趣激发的潜在体育消费群体，宣传渠道和媒介推广的方式可能会极大地影响她们的观赛选择和体育休闲消费行为。

为了在一定程度上补充问卷和访谈研究对女性球迷刻画的深入程度，对233篇女性球迷的新闻专访做文本分析，在分析第一次编码的词语、短语、短句项的基础上，在进行二次编码时分别将其归类为人生经历、社会力量、市场行为。本次做文本分析的专访中，女性球迷的画像呈年纪较轻、体育相关从业者或有从业意愿者较多、性格开朗、球龄较长、有多次现场观赛经验等特点（表3）。

表3 女性球迷观赛影响因素表面层次分析统计

主轴编码（总次数）	开放编码（次数）
人生经历（472）	家庭因素（217）：爸爸妈妈爱看球（117）、兄弟姐妹爱看球（12）、家里其他成员爱看球（6）等
	情感寄托（239）：精神力量（115）、因球员而喜爱（77）、因喜欢的人而喜爱（29）等
	兴趣爱好（16）：喜欢踢球（14）、喜爱的明星喜欢看球（1）、喜欢的游戏是足球类游戏（1）等
社会力量（198）	求学工作（93）：老师喜欢看球（6）、同学喜欢看球（54）、工作与足球相关（29）等
	社会事件（28）：奥运会（3）、世界杯女足（5）等
	新闻媒体（77）：球员拍的广告（10）、电视上的足球赛事（53），各类海报、卡纸（8）等
市场行为（262）	人生转变（71）：想要从事足球相关的工作（23）、性格上发生较大改变（11）等
	观赛情况（153）：为足球相关事件而哭泣（67）、加入球迷组织（51）等
	消费情况（38）：去远征（13）；为追球员而去酒店和机场（10）；买各类周边，如球衣、球鞋、围巾（21）等

5 研究总结与启示建议

本文通过问卷调查、深度访谈、文本分析三种研究方式对女性观赛者的人生经历和社会力量及对市场行为的影响进行解读，得出女性观赛者观赛意愿的影响原因具有多样性和复杂性的特点。研究发现，我国女性观赛者观赛的主要目的是休闲和获得愉悦感，表现为通过在观赛过程中获得刺激和满足感，或者通过陪伴家人和伴侣获得幸福感等。我国女性观赛者的类型中，含蓄性格的观赛者类型占比很大，女性观赛者会在精神寄托中寻找自主意识和主体意识。关注女性群体对体育旅游和体育消费的诉求，有助于拓展体育旅游及体育消费市场，直接或间接地影响着体育文化产业的发展。因此，需要提升对女性群体休闲领域诉求的关注度。

首先，发挥政策扶持与媒体营销的社会力量。当下女性群体在休闲领域的参与度和满意度仍相对较低，政府在制定相关政策的过程中，要运用媒体资源与政府信息平台，刺激女性群体在体育经济领域的需求和对衍生产品的消费，识别潜在的目标女性观赛者，采取有针对性的宣传和营销策略，提高女性的参与度，营造女性关注体育经济的社会氛围，推动女性体育产业专属性发展。

其次，推进体育消费现场体验和个性消费设计。当前的体育赛事大多以转播权和广告位为主要盈利渠道，女性群体更多地还是通过电视和互联网等媒介观看赛事，或者通过线上和移动客户端了解相关资讯。亟须拓展女性体育消费的个性化模式和技术创新思路，尤其是在观赛型体育旅游和体育消费产业链拓展方面。女性观赛者现场观赛诉求主要为现场要有浓烈的观赛文化氛围、宽松自由的观赛环境、与观赛伙伴一起交流的互动场景。因此，可以考虑专门为女性观赛者开放女性看台或设置女性观赛区域，满足女性观赛者对安全感的诉求。

同时，由于女性的消费心理在一定程度上区别于男性群体，因此需要充分研究女性的消费心理，制定差异化的营销策略。中青年女性观赛者会表现出更强的追求时尚、强购买力的经济特征。有必要考虑将时尚与足球相融合，时尚品牌同球队品牌合作，打造全新的女性体育消费的周边产品。

最后，开发女性体育旅游领域的节事活动与主题游学产品。通过球场巡礼、球场"朝圣"、俱乐部博物馆参观、随队远征等多种形式丰富体育旅游内容，设置专门的体育主题的游览线路和旅行产品，尤其是要对欧美或南美等观赛者心目中的朝圣之地进行旅游目的地专项开发，以更为适宜的展现软实力的方式引导女性消费者加入进来，拓展女性体育旅游消费的潜在市场边界。

参考文献

戴光全，保继刚，2003. 西方事件及事件旅游研究的概念、内容、方法与启发[J]. 旅游学刊, 18(6): 111-119.

高倩，2018. 北京国安女性球迷观赛动机及行为研究[D]. 北京: 北京体育大学.

黄丽妃，2011. 上海市中青年女性体育消费行为研究[D]. 上海: 上海体育学院.

纪宁，2008. 体育赛事与城市品牌营销新时代[J]. 体育学刊(1): 22-26.

马德浩，季浏，2015. 我国女性体育消费研究. 体育文化导刊(2): 131-134.

邱亚君，梁名洋，许娇，2012. 中国女性休闲体育行为限制因素的质性研究: 基于社会性别理论的视角[J]. 体育科学, 32(8): 25-33.

帅庆，2016. 新发展理念下城市女性情感消费研究[J]. 江西社会科学(9): 213.

赵群，孙淑红，2017. 中国年轻女性消费观的影响因素分析[J]. 经济与管理, 31(2): 82-87.

DUNN C, 2014. Female football fans: community, identity and sexism[M]. London: Palgrave Pivot.

MEWETT P, TOFFOLETTI K, 2008. Rogue men and predatory women: female fans' perceptions of Australian footballers' sexual conduct[J]. International review for the sociology of sport, 43(2):165-180.

MEWETT P, TOFFOLETTI K, 2012. Oh yes, he is hot: female football fans and the sexual objectification of sportsmen's bodies, sport and its female fans[M]. New York: Routledge.

MUMCU C, LOUGH N L, BAMES J C, 2016. Examination of women's sports fans' attitudes and consumption intentions[J]. Journal of applied sport management, 8(4): 25-47.

PFISTER G, LENNEIS V, MINTER S, 2013. Female fans of men's football: a case study in Denmark[J]. Soccer & society, 14(6): 850-871.

POPE S E, 2012. "The love of my life": the meaning and importance of sport for female fans[J]. Journal of sport and social issues, 37(2): 176-195.

基于网络文本分析的上海体育旅游目的地形象感知研究

An Online Content Analysis on Image Perception of Shanghai as a Sport Tourism Destination

文 / 石勇　姚前　李海　孙建新　孙迪

【摘　要】

旅游者评论能较为精准地反映对旅游目的地的偏好、兴趣和评价。以上海体育旅游目的地为研究对象，采用文本分析、社会网络分析等方法，从认知形象、情感形象和整体形象三方面探讨旅游者的形象感知。结果表明：①旅游者对上海体育旅游目的地的认知高频词可归纳为态度、人物、服务、地点、自然、人文、项目、时间八个维度。②积极情感认知按照中心性分为蓝、红和白三个等级，消极情感认知揭示了四个目的地存在的共性问题以及个性问题。③旅游者的整体形象感知是积极的，综合正面评价占总评价比重较高。完善以网络文本为数据来源的旅游形象研究方法，为体育旅游目的地形象完善和提升提供参考。

【关键词】

体育旅游；上海；目的地形象；文本分析

【作者简介】

石　勇　上海体育学院经济管理学院副教授，硕士生导师

姚　前　郑州大学旅游管理学院硕士研究生

李　海　通讯作者，上海体育学院经济管理学院教授，博士生导师

孙建新　上海体育学院经济管理学院硕士研究生

孙　迪　郑州大学旅游管理学院硕士研究生

1 导言

一方面，目的地是复杂的多方面旅游系统，虽然人们选择前往某个目的地的原因很多，但越来越普遍的原因之一是以某种方式参加或体验体育运动(Higham, 2005)（图1）。另一方面，随着信息技术的发展，形象的重要性日益超过资源，形象成为吸引旅游者前往目的地旅游的关键因素之一。2020年，新冠疫情在全球暴发，旅游经济活动一度停滞，我国旅游业遭受巨大损失。2020年1月24日，文化和旅游部为遏制疫情蔓延出台了短期"休克"措施，使得春节黄金周体育旅游精品线路、公司团建活动、青少年冬令营等项目戛然而止，原本是消费旺季的冰雪运动也因为雪场关闭、交通限行纷纷直接"休眠"。体育旅游行业业绩出现断崖式下跌。同年4月上旬，国务院印发《全国不同风险地区企事业单位复工复产疫情防控措施指南》，面对新冠疫情防控的常态化要求，旅游目的地面临着市场信心不振、旅游者需求转变、景区流量控制等多重考验。

体育运动由多样化的游客体验推动，有助于旅游目的地迎合旅游者需求、塑造独特的目的地形象(Julius et al., 2016)。更为重要的是，体育赛事的举办给危机后的目的地提供了相对可靠和有弹性的游客流量优势，为国家、区域和地方旅游目的地提供了广泛的发展机会。已有的研究表明，旅游目的地形象对旅游者决策、旅游者行为倾向、旅游者满意度、旅游者忠诚度等都具有重要影响。体育旅游目的地的高体验性对游客产生了更大黏性，提高了目的地的重游率。相比普通旅游目的地，体育旅游目的地的旅游者感知情况和情感倾向更值得重视。鉴于此，本文以上海为案例点，以运用Python工具从携程旅游网抓取的游客点评为研究素材，采用文本分析、词频统计、社会网络分析的方法，分析旅游者对上海市体育旅游形象的感知情况和情感倾向，以期为上海体育旅游目的地形象的优化提供借鉴和参考。

2 文献回顾

在体育旅游概念方面，不少学者认为体育旅游的内容是以参观赛事为核心的旅游活动，如西方学者罗斯金在较早时将体育旅游定义为人们在特定休闲时间里，因被特殊的自然吸引物和体育户外休闲设施吸引产生的旅游行为(Ruskin, 1987)，哈尔曼则较为简明地将体育旅游定义为，游客以非商业目的观看或参与体育赛事产生的外出旅游活动(Hallmann et al., 2010)。但也有学者提出质疑，如韦德认为体育和旅游业之间的联系已经多样化，远远超出了与体育赛事相关的旅游业这一范围(Weed et al., 2012)。格里帕提斯认为的体育旅游是体育事件旅游、参与性体育旅游、奢侈性体育旅游、体育运动训练及体育相关性旅游的总和(Glyptis, 1991)。董二为认为体育旅游可以分为职业体育旅游、业余体育旅游、户外游憩及其他和体育相关的旅游活动（参观体育博物馆等）。总而言之，体育和旅游业的融

图1 新西兰瓦纳卡蹦极飞行营地

王琪/摄

合发展使体育旅游的概念从单一的以参观赛事为核心的旅游活动向体育、赛事、休闲、健身、观赏等方向扩展。因此，将体育目的地仅看作体育赛事举办地这一观点显然不合时宜。

国际上关于旅游目的地形象的研究最早可追溯到20世纪70年代（Pike, 2002），旅游目的地研究至今已发展成旅游研究中关注者最多、成果最丰硕的领域之一。虽然关于目的地形象的定义未能达成共识，但在实证研究中学者们一般遵从巴洛格鲁（Baloglu）的目的地形象"认知—情感"三维模型（Baloglu et al., 1999）。其中，认知形象指人们实际掌握的或自认为了解的有关特定目的地的知识；情感形象是指人们基于这些知识对目的地产生的感觉，而此两种成分共同构建了游客内心对于目的地的"整体画像"。已有的研究成果表明，旅游目的地形象的塑造对于旅游者决策（Choi et al., 2011; Hong et al., 2006）、满意度（Assaker et al., 2011; 陶玉国 等, 2010）、旅游目的地营销（Castro et al., 2007; 黎洁, 1998）等具有重大意义。以往的目的地形象感知研究多以统计数据、专家咨询和问卷调查为主要途径获得分析数据。近年来，随着人机交互协作时代的到来以及在线旅游代理商（online travel agency, 简称OTA）的发展，用户生成内容（user generated content, 简称UGC）的数量激增，为旅游研究提供了新的数据源。近十年来，学者们采用大数据收集、挖掘和内容分析方法研究旅游者对目的地的认知形象、情感形象、整体形象，取得了较为丰富的成果（方雨 等, 2017; 何小芊 等, 2019; 陆利军 等, 2019; 张高军 等, 2011; 朱翠兰 等, 2013）。

在关于体育旅游目的地形象的研究中，国外学者多采用定量研究的方法，将体育旅游目的地作为大型赛事举办地，探讨体育赛事与体育旅游目的地形象的关系、体育旅游目的地形象与国家形象和赛事形象的关系、体育旅游目的地形象与目的地可持续发展的关系、体育旅游目的地形象的影响因素等，如卡普兰迪杜（Kaplanidou）指出举办经常性的体育赛事可能有助于目的地形象的形成（图2），并有可能创造额外的联合品牌和营销效益（Kaplanidou et al., 2012; Kaplanidou et al., 2007）。基姆（Kim）的研究发现，2008年奥运会后，受访者认为奥运会是主办国国家形象的一部分（Kim et al., 2014）。李（Lee）以举办2002亚洲世界杯的国家之一的韩国为案例点，对世界杯给韩国目的地形象带来的影响进行理论探讨（Lee et al., 2005）。比利（Beerli）提出了一个测量目的地形象较为完整的维度，包括自然资源、一般基础设施、旅游基础设施、旅游休闲娱乐、文化历史艺术、政治和经济因素、自然环境、社会环境和地方氛围（Beerli et al., 2004）。国内学者对体育旅游目的地形象的研究较少，多采用定性研究的方法，从理论方面进行探讨（盖文亮 等, 2018; 马艺芳 等, 2004; 于锦华, 2010; 赵承磊, 2016, 赵红娟 等, 2016），如赵

图2 美国檀香山马拉松赛　　　　　　　董二为/摄

红娟在理论层面上探讨了体育赛事对旅游目的地的影响，赵承磊讨论了大型体育赛事对旅游目的地的作用机理。总体来看，虽然国内外学者对赛事与旅游目的地形象的关系进行了较为充分的讨论，但涉及体育休闲与旅游目的地形象感知研究的成果仍然较少。因此，对上海体育旅游目的地形象感知进行测度将会回应韦德、董二为等学者对体育旅游概念的扩展（Higham, 2005; Weed et al., 2012），丰富国内外关于体育旅游目的地形象研究的内容。

3 研究对象与数据处理

3.1 研究对象

本文以长三角体育旅游产业协作会发布的"2019年度长三角地区最佳体育旅游目的地"为例，基于完整性与数据的可获得性原则，选择网络文本素材较为丰富的上海碧海金沙景区、上海东方绿舟景区、上海奉贤海湾森林休闲体育基地、上海东平国家森林公园为案例点，探索上海体育旅游目的地游客感知形象。上海碧海金沙景区是国家AAAA级旅游景区、上海市四星级体育旅游休闲基地，景区打造了帆船、帆板、游艇、索道滑水、龙舟等海上休闲活动，包括观赛型、参与型等多种类型的体育旅游项目。上海东方绿洲景区设有徒步骑行道、专业攀岩墙、高低空拓展园区，常设帆船课堂、龙舟竞渡、皮划艇体验等水上运动项目。上海东平国家森林公园位于崇明岛中北部，是华东地区已形成的最大的平原人工森林，特色项目包括森林滑草、攀岩、高尔夫、网球、沙滩排球、森林滑索等。上海海湾国家森林公园位于上海市奉贤区海湾镇五四农场内，园区可分为游乐活动区、水上活动区、文化博览园、梅园四大板块。

3.2 数据来源

由于携程旅行网对一个景区的评论数据仅公布前3100条，且通过查看数据时间分布，发现2014年以前的评论数据分散，如上海东方绿舟景区2008—2013年的评论数据共111条，而仅2014年评论数据就已达到392条，因此选取2014年1月1日至2020年4月18日期间的评论数据为样本，使用Python工具抓取发布者昵称、评论内容、发布时间、评分，去除重复评论及质量较低的评论（如"好好好好……"）后，共获得数据11442条（表1）。

4 分析方法

4.1 认知形象分析过程

第一步，以开源的停用词典为基础，增加程度副词，如很、非常、太、特别等，构建停用词词典；第二步，阅读评论文本后创建自定义词典，合并同义词；第三步，使用结巴（Jieba）中文分词工具对清洗后的数据进行分词处理并展示200个高频词；第四步，根据高频词返回结果阅读评论文本，重复第一步、第二步；第五步，选出有意义且能够反映认知形象的词构建高频词列表，在此基础上为了避免一个单词在一条评论中出现的次数过多而对总频数产生影响，任一高频词在一条评论中出现则记为1，不出现则记为0，重新统计高频词的总频数；第六步，对高频词进行分类，统计各维度的数量及分布情况。

4.2 情感形象分析过程

以游客评分为依据（分值由高到低依次为5分、4分、3分、2分、1分），将评论文本分为积极评论文本（5分）、中性评论文本（4分）、消极评论文本（3分、2分、1分）三类。分别针对积极、消极两类文本进行分词、合并、删除，提取具有代表性的关键词构建共现矩阵，利用社会网络分析工具UCINET构建高频词汇的语义网络分析图以反映游客对目的地的积极、消极情感形象。

表1 上海体育旅游目的地游客点评数据

景区名称	评论数量/条
上海碧海金沙景区	2980
上海东方绿舟景区	2880
上海东平国家森林公园	2830
上海海湾国家森林公园	2752

5 感知形象研究结果

5.1 认知形象

5.1.1 认知高频词

认知形象指人们实际掌握的或自认为了解的有关特定目的地的知识。以过滤后的11442条有效评论为基础进行分析和统计,剔除了与研究目的无关的符号、内容等信息,对排名前100的高频名词进行汇总(表2),共计词频40330次,平均词频403次。

5.1.2 认知维度

上海体育旅游目的地认知形象维度如表3所示。态度维度(31.84%)占比最高,表达了游客对上海体育旅游目的地的总体态度,如"不错""开心""值得""好玩""好去处"等词汇表现出游客整体呈现积极态度;"推荐""下次"表达出目的地的口碑效应和游客重游的意愿;"休闲""放松""呼吸"体现出游客的主要旅游目的及特殊体验;"便宜""方便""干净""漂亮"则表现出目的地管理受到大多数游客的认可。值得一提的是,受季节性影响,游客对拥挤程度的感知出现了明显差异,这要求目的地做好淡季营销与旺季分流的工作。

人物维度(8.75%)从侧面反映了目的地旅游功能,不难发现亲子游是上海体育旅游目的地的主要旅游形式,带孩子、家人的游玩活动一方面启示目的地开发多样的儿童游憩项目,另一方面显示出目的地的体育功能并未被很好地认知。和其他目的地相比,上海体育旅游目的地的人物维度并未出现导游、老板、司机等词汇,这意味着目的地并未过度商业化,游客以自驾为主要交通方式。

服务维度(14.85%)反映了游客对目的地服务的主要关注点,"门

表2 上海体育旅游目的地认知形象高频词统计表(前100位)

名词	词频	名词	词频	名词	词频	名词	词频	名词	词频
不错	2790	人多	717	休闲	285	舒服	232	航母	180
公园	1734	上海	556	亲子	280	订票	232	拓展	179
方便	1396	天气	509	一家人	278	性价比	232	呼吸	177
开心	1056	携程	507	朋友	277	卡丁车	222	优惠	177
孩子	1156	人不多	495	游泳	276	服务	217	放松	171
空气	1047	游乐	453	崇明	273	草坪	217	勇敢者	170
风景	968	森林公园	446	沙子	269	儿童	216	下午	169
环境	870	停车	423	梅园	269	夏天	214	太阳	168
门票	858	价格	405	氧吧	263	教育	211	免费	166
项目	827	建议	400	森林	259	体验	210	市区	166
自行车	756	景点	400	好去处	258	网上	209	游客	164
值得	704	取票	397	还会	257	买票	208	野餐	164
小朋友	666	帐篷	394	漂亮	252	排队	200	宝宝	161
烧烤	661	地方大	387	娱乐	244	交通	198	骑马	158
梅花	659	活动	380	国防	240	天然	197	基地	156
游玩	657	东方绿舟	379	火车	240	还行	193	水上	155
好玩	649	沙滩	374	收费	237	挺大	188	军事	154
设施	581	周末	333	推荐	237	大人	182	家人	149
下次	575	便宜	319	海水	234	电瓶车	180	绿化	146
喜欢	562	干净	310	园区	233	海湾国家森林公园	180	票价	145

数据来源:作者整理

表3 上海体育旅游目的地认知形象维度一览表

序号	种类	比重/%	维度关键词
1	态度	31.84	不错、方便、开心、值得、好玩、喜欢、好去处、推荐、舒服、还行、下次、人多、人不多、建议、便宜、干净、休闲、还会、漂亮、性价比、挺大、地方大、放松、呼吸
2	人物	8.75	孩子、小朋友、亲子、一家人、朋友、儿童、大人、游客、宝宝、家人
3	服务	14.85	门票、项目、设施、停车、取票、收费、订票、服务、网上、买票、排队、携程、价格、交通、优惠、免费、票价
4	地点	10.89	公园、森林公园、东方绿舟、崇明、梅园、上海、园区、海湾国家森林公园、市区、基地
5	自然	15.32	空气、风景、环境、梅花、沙滩、沙子、氧吧、海水、草坪、天然、森林、天气、太阳、绿化
6	人文	2.02	国防、火车、航母、军事
7	项目	14.55	烧烤、游玩、游乐、景点、帐篷、游泳、娱乐、卡丁车、体验、拓展、勇敢者、野餐、骑马、水上、活动、教育、电瓶车、自行车
8	时间	1.78	周末、夏天、下午

数据来源：作者整理

"票""优惠""买票""价格""网上""取票"等词汇表明游客对门票价格敏感，而网络预订则提高了目的地的服务质量，如不少网友表示"网上订票很方便""不用排队""网上订票有优惠"等，但也有游客表示，网上订票增加了取票的难度；"交通""停车"成为热词，反映了目的地存在短板，需加强旅游基础设施建设；"项目""设施"则体现出体育旅游目的地的自然环境固然重要，但具体的项目更有利于丰富旅游者的体验。

地点维度(10.89%)中"上海""崇明"等词反映所选案例地能较好地代表上海市旅游目的地的情况，"梅园""基地"等词表明这些地点得到了游客的广泛认知。

自然维度(15.32%)占比第二，反映出自然资源是吸引旅游者的主要因素，"沙滩""沙子""海水"反映出了在游客的认知中，"滨海特色"比较突出；"空气""森林""氧吧"表明清新的空气是游客的诉求；"风景""环境""绿化""草坪"能够有效满足游客的日常游憩需求。值得一提的是，"太阳""天气"等不可控因素被游客频繁提及，表明偶然因素对旅游者感知的重要作用。

人文维度(2.02%)占比较少，体现出上海体育旅游目的地的体育文化设施建设有待加强，而"国防""军事""航母"则体现了目的地的爱国主义教育项目得到游客的高度认可。

项目维度(14.55%)体现了目的地的体育特色，反映了游客的旅游方式。体育旅游目的地项目的打造是开发旅游资源的主要方式，是吸引游客的重要法宝，也是目的地长久不衰的关键。"拓展""勇敢者""骑马""自行车"等词汇揭示了体育旅游目的地同一般旅游目的地的差异。

时间维度(1.78%)中的"夏天"表明上海体育旅游目的地具有明显的季节性特征，而周末、下午则表明游客在目的地的活动时间主要集中在一周的结束、一天的下午。季节性特征考验着目的地的营销能力、市场承载力和接待能力，也支撑着景区的口碑，影响着目的地的形象，是管理者应重点考虑的问题。

5.2 情感形象

情感形象是指人们基于这些知识对目的地产生的感觉。语义网络分析可用来直观表达复杂词条之间的相互关系，所形成的语义网络关系图由各个词条形成的点和词条间的连线组成。若两个关键词在同一条评论中出现，则认为两者之间存在关系，关系强度加1，通过浏览所有的评论后得到每两个关键词之间的关系强度，根据网络的可读性、完整性原则设置关系强度阈值，若超过阈值则两词之间存在连线，否则无连线。本文采用社会网络分析中的点度中心度(degree)为指标衡量词条的重要程度，点度中心度越大代表网络中该点与其他点的联系越密切,即在该网络中拥有较大的权力(朱庆华 等,2008)。

5.2.1 积极感知因素分析

如图3所示,总体上看,体现积极形象的关键词按照中心性大小可分为三个等级,第一等级用蓝色表示,第二等级用黄色表示,第三等级用白色表示,红色即4个目的地的名称。第一等级的关键词以态度类为主,包括"不错""方便""值得""开心""喜欢""好玩"等,表明游客对目的地环境、服务的总体态度;除态度词外,"孩子""小朋友"等关键词的出现表明了游客的旅游目的,暗示着目的地管理者关注对亲子体验项目的打造;"项目""烧烤""自行车"等有关旅游项目的关键词表明了游客的目的地认知,要求目的地围绕核心形象打造配套服务;"门票""携程"的出现表明游客对票务服务的态度;"空气""森林""环境"表明,自然环境是重要的积极感知因素。第二等级主要包括设施设备、旅游服务、旅游活动参与者、旅游功能等维度。其中"买票""取票""便宜""直接""停车"等词反映了游客对目的地管理的认可;"设施""帐篷""卡丁车""活动""梅花"等词反映出这些项目在游客体验中的口碑较好。第三等级处于网络结构的边缘,主要体现为旅游项目,包括"游泳""梅园""勇敢者""沙滩""野餐""拓展""露营""小火车"等词,表明这些项目得到了游客的积极评价,但是普及度有待提高;"机会""以后"等词的出现则显示了游客的重游意愿,表明积极的旅游体验对重游意愿有正向影响。

5.2.2 消极感知因素分析

相比图3,图4的节点数量较少,且结构清晰,能够更好地反映关键词之间的网络关系。首先是4个目的地的共性问题。如图4所示,"门票"是消极评价中游客感知最强烈的因素,处于网络的中心位置,游客的主要不满集中在"定价不合理""项目额外收费";除价格因素外,设施、项目也是游客不满的高发区,主要围绕着"项目、设施的缺乏与陈旧""季节性导致的设施关闭""设施与目标人群(儿童)不匹配""服务""工作人员"等词汇的出现反映出目的地在人员管理上的不足,游客的负面情绪主要集中在"工作人员数量不足""服务技能有待提高""服务态度不佳""管理范围较窄"等方面。其次是不同目的地的个性问题。在碧海金沙目的地,游客认为资源、知名度与实际情况不符,出现了"想象"这一高频词,表明目的地的资源本底与形象营销同目的地管理之间存在差距;"海水""沙子""不干净""游泳"等词表明目的地需要注重环境保护与可持续发展。在东方绿舟,门票是游客较为关注的问题,负面情绪主要集中在"性价比

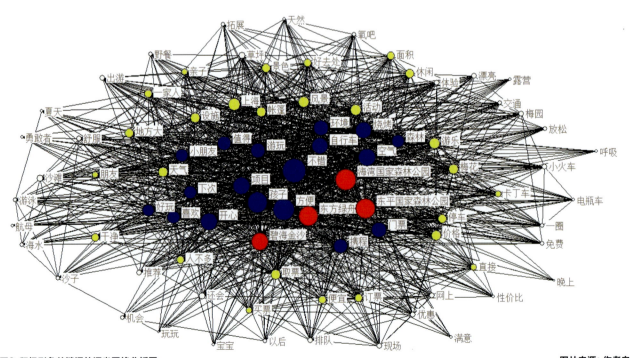

图3 积极形象关键词的语义网络分析图

图片来源:作者自绘

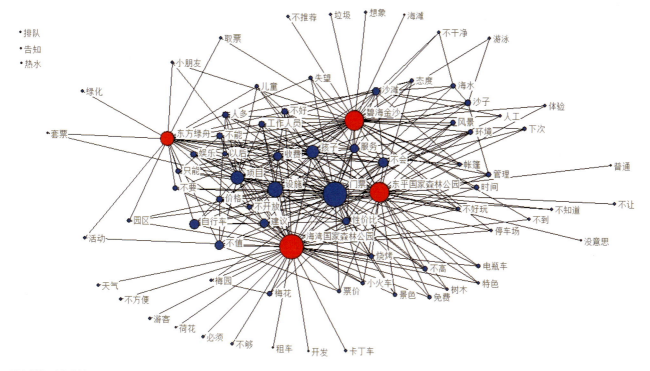

图4 消极形象关键词的语义网络分析图　　　　　　　　　　　　　　　　　　　　　　　　　　　　　　　　　　**图片来源：作者自绘**

不高""客流的过度集中""项目体验不佳"等方面。在海湾国家公园目的地，梅花节是重要品牌，但由于花期较短，游客的负面情绪主要是由于错过了最佳观赏期，建议目的地及时公布信息，适当降低游客期待；"卡丁车""租车""必须""不方便"等词表现出目的地管理的弊端，这要求目的地优化旅游线路、更好地发挥游客在游玩过程中的主体地位。在东平国家森林公园，"特色""普通""没意思"是主要负面情感，表明该目的地的特色旅游项目建设有待加强。

5.3 整体形象

整体形象是游客内心对于目的地的"整体画像"，即对产品或品牌的正面或者负面评价（文春艳 等，2009）。以游客打分为依据，从时间、数量的维度统计上海体育旅游目的地的评分分布特征。图5中左图汇总了2014年1月1日至2020年1月1日期间目的地总的游客评论数量，并以月为单位进行展示，右图则展示了三颗星及以下的评论数量的时间分布特征。不难看出两者的数量变动趋势基本相同，这反映出上海体育旅游目

图5 上海体育旅游目的地评论数量随时间变化情况　　　　　　　　　　　　　　　　　　　　　　　　　　　　　　　　　　**图片来源：作者自绘**

的地的游客满意状况并未随着时间推移到显著提升。

表4汇总了上海体育旅游目的地的游客评分分布特征，总的来看4个目的地的评论总数相差不多，东方绿舟的好评率最高，达93.09%；海湾国家森林公园的好评率最低，但也高达86.71%；总体好评率达到89.89%，说明大多数游客对上海体育旅游目的地的整体评价是积极的、正面的。

6 结论及建议

本文基于目的地形象构建的"认知—情感"模型，从认知形象、情感形象和整体形象三个方面对上海体育旅游目的地的感知形象进行探索，迎合了韦德、董二为等学者对体育旅游概念的扩展（Weed et al.，2012），弥补了体育旅游目的地形象感知研究缺乏的遗憾，通过词频分析、文本分析、社会网络分析的方法得到了以下结论。

（1）认知高频词按照语义逻辑可分为态度维度、人物维度、服务维度、地点维度、自然维度、人文维度、项目维度、时间维度8个维度。态度维度词频占比第一反映出游客对目的地的总体态度、重游意愿、管理的认可及游客的主要旅游目的；人物维度反映出亲子游是上海体育旅游目的地的主要形式；服务维度揭示了游客对目的地服务的主要需求；地点维度反映出目的地的客源市场与游客的关注点；自然维度占比第二反映出自然资源是吸引旅游者的主要因素；人文维度体现出上海体育旅游目的地的体育文化设施建设有待加强；项目维度体现了目的地的体育特色，也反映了游客的旅游方式；时间维度表明上海体育旅游市场具有明显的季节性特征。上海市体育旅游目的地认知形象反映出亲子休闲是游客的主要旅游动机，为此可增加亲子游配套基础设施建设，优化游客体验；赛事作为体育产业的核心要素并未被游客过多提及，上海体育旅游目的地可依托自身资源，作为中小型体育赛事的举办场所，开展健走、长跑、滑水等多项体育活动，有助于提高旅游者感知价值，提升目的地形象。

（2）在情感形象上，对上海体育旅游目的地的积极情感认知表明游客对目的地环境、服务的总体态度，游客的旅游目的、目的地认知，启示目的地围绕核心形象打造配套服务；表明自然环境是重要的积极感知因素，体现了游客对目的地管理的认可，发现了哪些项目在游客体验中的口碑较好，哪些普及度有待提高；最后，重游意愿高频词的出现证明积极的旅游体验对重游意愿有正向影响。对上海体育旅游目的地的消极情感认知揭示了4个目的地存在的共性问题，包括价格、设施、项目与人员管理，暗示着目的地服务管理水平有待加强。除共性问题外，碧海金沙要更加注重环境保护与可持续发展，东方绿舟应更注重门票与旅游项目管理，海湾国家公园应更好地发挥游客在游玩过程中的主体地位，东平国家森林公园要加强特色旅游项目建设。

（3）旅游者基于对上海体育旅游目的地的自然风光、人文景观、旅游服务、旅游设施设备等要素的综合感官体验，以及对上海体育旅游目的地心理上的情感倾向，形成了对目的地形象的整体评价。总体上，游客对上海体育旅游目的地的形象感知是积极的，综合正面评论占比较高。进一步可提高游客对吸引物、旅游基础设施的感知价值与满意度，从而利用网络口碑效应推动上海市体育旅游目的地发展。

本研究存在以下不足之处。首先，由于无法得到网络评论者的性

表4 上海体育旅游目的地游客评分情况

序号	名称	评论总数	1~3分	4~5分	好评率
1	上海碧海金沙景区	2982	318	2664	89.34%
2	上海东方绿舟景区	2880	199	2681	93.09%
3	上海东平国家森林公园	2830	309	2521	89.08%
4	上海海湾国家森林公园	2754	366	2388	86.71%
	汇总	11446	1192	10254	89.89%

数据来源：作者整理

别、年龄、收入等信息，因此难以对比不同人口统计学特征人群的目的地形象感知差异；其次，对于上海体育旅游目的地形象的研究仅限于网络文本资料较为丰富的四大景区游客评论，数据来源具有一定的局限性；最后，体育旅游目的地形象是多变的，虽然研究发现上海体育旅游目的地游客负面感知评价数量变化具有明显的季节性特征，但本文仅从数量变化角度进行描述，并未结合网络文本内容对比不同季节的目的地形象感知差异。

参考文献

方雨, 黄翔, 2017. 武汉市旅游目的地形象感知研究: 基于网络文本分析方法[J]. 华中师范大学学报(自然科学版), 51(05): 709-714.

何小芊, 谢珈, 张艳蓉, 2019. 基于网络文本分析的洞穴景区游客感知形象研究: 以贵州织金洞为例[J]. 中国岩溶, 38(06): 957-966.

黎洁, 1998. 论旅游目的地形象及其市场营销意义[J]. 桂林旅游高等专科学校学报(01): 15-18.

陆利军, 廖小平, 2019. 基于UGC数据的南岳衡山旅游目的地形象感知研究[J]. 经济地理, 39(12): 221-229.

陶玉国, 赵会勇, 李永乐, 2010. 基于结构方程模型的城市旅游形象影响因素测评[J]. 人文地理, 25(06): 125-130.

文春艳, 李立华, 徐伟, 等, 2009. 旅游目的地形象研究综述[J]. 地理与地理信息科学, 25(06): 105-109.

张高军, 李君轶, 张柳, 2011. 华山风景区旅游形象感知研究: 基于游客网络日志的文本分析[J]. 旅游科学, 25(04): 87-94.

朱翠兰, 侯志强, 2013. 基于网络口碑的旅游目的地形象感知: 以厦门市为例[J]. 热带地理, 33(04): 489-495.

朱庆华, 李亮, 2008. 社会网络分析法及其在情报学中的应用[J]. 情报理论与实践(02): 179-183.

盖文亮, 杨涛, 2018. 我国民族民间体育赛事与旅游目的地的互动影响机理[J]. 西安体育学院学报, 35(04): 455-459.

马艺芳, 陆元兆, 2004. 少数民族体育旅游形象设计研究: 以广西少数民族体育旅游现状为例[J]. 西安体育学院学报, 21(04): 27-30.

于锦华, 2010. 体育旅游目的地竞争力提升路径研究[J]. 北京体育大学学报, 33(01): 39-41.

赵承磊, 2016. 大型体育赛事对旅游目的地的作用机理和功能提升策略[J]. 南京体育学院学报(社会科学版), 30(01): 53-59.

赵红娟, 姜健, 杨涛, 2016. 体育赛事对旅游目的地影响及其理论探析[J]. 西安体育学院学报, 33(05): 533-537.

ASSAKER G, VINZI V E, O'CONNOR P, 2011. Examining the effect of novelty seeking, satisfaction, and destination image on tourists' return pattern: a two factor, non-linear latent growth model[J]. Tourism management, 32(4): 890-901.

BALOGLU S, MCCLEARY K W, 1999. A model of destination image formation[J]. Annals of tourism research, 26(4): 868-897.

BEERLI A, MARTIN J D, 2004. Factors influencing destination image[J]. Annals of tourism research, 31(3): 657-681.

CASTRO C B, ARMARIO E M, RUIZ D M, 2007. The influence of market heterogeneity on the relationship between a destination's image and tourists' future behaviour[J]. Tourism management, 28(1): 175-187.

CHOI J G, TKACHENKO T, SIL S, 2011. On the destination image of Korea by Russian tourists[J]. Tourism management, 32(1): 193-194.

GLYPTIS S A, 1991. Sport and tourism[J]. Sport and tourism, 3(39): 165-183.

HALLMANN K, BREUER C, 2010. Image fit between sport events and their hosting destinations from an active sport tourist perspective and its impact on future behaviour[J]. Journal of sport & tourism, 15(3): 215-237.

HIGHAM J E, 2005. Sport tourism destinations: issues, opportunities and analysis[M]. Liverpool: Routledge.

HONG S, KIM J, JANG H, et al., 2006. The roles of categorization, affective image and constraints on destination choice: an application of the NMNL model[J]. Tourism management, 27(5): 750-761.

JULIUS A, MARC H, 2016. Economic and destination image impacts of mega-events in emerging tourist destinations[J]. Journal of destination marketing & management, 5(2): 76-85.

KAPLANIDOU K, JORDAN J S, FUNK D, et al., 2012. Recurring sport events and destination image perceptions: impact on active sport tourist behavioral intentions and place attachment[J]. Journal of sport management, 26(3): 237-248.

KAPLANIDOU K, VOGT C, 2007. The interrelationship between sport event and destination image and sport tourists' behaviours[J]. Journal of sport & tourism, 12(3-4): 183-206.

KIM J, KANG J H, KIM Y, 2014. Impact of mega sport events on destination image and country image[J]. Sport marketing quarterly, 23(3): 161.

LEE C, LEE Y, LEE B, 2005. Korea's destination image formed by the 2002 World Cup[J]. Annals of tourism research, 32(4): 839-858.

PIKE S, 2002. Destination image analysis: a review of 142 papers from 1973 to 2000[J]. Tourism management, 23(5): 541-549.

RUSKIN H, 1987. Selected views on socio-economic aspects of outdoor recreation, outdoor education and sport tourism[C]//Proceedings of the international seminar and workshop on outdoor education, recreation and sport tourism. Netanya: Emmanuel Gill Publishing.

WEED M, BULL C, 2012. Sports tourism: participants, policy and providers[M]. Canterbury: Routledge.

厦门马拉松

体育旅游效应
Impact of Sport Tourism

付 冰　董二为　　　　上海市体育旅游经济影响力研究

徐卫华　杨小月　林馨雨　厦门马拉松旅游经济效应追踪研究：基于2006—2017年调查报告的分析

周 成　田 娟　付 冰　体育赛事对举办地旅游产业的促进作用研究：以第二届全国青年运动会为例
郑 伟　董二为

张 帅　赵 宽　韩琳琳　罗 南　帆船运动与旅游目的地国际营销：以克利伯环球帆船赛为例

上海市体育旅游经济影响力研究
Economic Impact of Sport Tourism on City of Shanghai

文 / 付 冰　董二为

【摘　要】

本文主要论述了上海市发展体育旅游的基础条件，对上海市体育旅游资源进行了综合评价，总结了上海市发展体育旅游的总体影响及核心要点，提出了上海市体育旅游发展经济影响因素的主要构成，运用SWOT分析法对上海市体育旅游发展进行了系统分析，找出了存在的问题，并对上海市体育旅游业发展提出了建议。

【关键词】

体育旅游；经济影响；上海市

【作者简介】

付　冰　上海体育学院休闲学院博士研究生，沈阳城市学院酒店管理学院副院长，副教授

董二为　美国亚利桑那州立大学教授

2017年7月，国家体育总局、国家旅游局共同制定了《"一带一路"体育旅游发展行动方案》。《上海市国民经济和社会发展第十三个五年规划纲要》也提出"促进文体旅等有机融合，提升文化创意、体育健身、旅游休闲、时尚等产业竞争力"，"推进上海国际旅游度假区、佘山国家旅游度假区建设，不断丰富旅游文化内涵，促进文体旅深度融合，建设世界著名旅游城市"，"办好上海ATP1000网球大师赛、F1中国大奖赛、环球马术冠军赛、国际田联钻石联赛、上海国际马拉松赛、国际自行车联盟女子公路世界巡回赛等重大赛事，引进培育更多与国际化大都市功能相匹配的顶级赛事，延伸体育赛事产业链，鼓励国际体育组织或分支机构落户上海，深化足球改革，加快职业体育发展，建设全球著名体育城市"。2018年9月出台的《关于促进上海旅游高品质发展加快建成世界著名旅游城市的若干意见》和5月发布的《上海市体育旅游融合发展规划》的通知中也都提出了要充分进行体旅结合，大力发展体育旅游。通过上述国家和地方的指导性政策，可以看出只有不断提升体育旅游的经济影响力，才能带动上海市体育旅游产业全面发展和区域旅游经济腾飞。

1 上海市发展体育旅游的基础条件

2019年国庆期间，上海市共接待游客1037万人次。实现旅游收入115亿元，同比增长11.8%，出入境总人次为79.73万。此外，上海市160多家主要旅游景区点累计接待游客729万人次。7天共发生消费252.9亿元，同比增长10.2%。据抽样调查统计，国庆期间在上海市过夜游客的人均消费为1113元/天，同比增长2%；旅游购物消费的比重占总消费的30%，综合拉动效应明显。交通客运累计抵达旅客量为484.5万人次，同比增长5%。饭店旅馆客房出租率为59.5%，同比增长0.3个百分点。2019年，上海市接待国内旅游者36140.51万人次，增长6.4%，其中外省市来沪旅游者17186.41万人次，增长6.0%。2019年，上海市国内旅游收入4789.30亿元，增长7.0%。上海市旅游产业和旅游经济的增长趋势，为体育旅游的发展奠定了夯实的基础。

1.1 高质量的城市环境与风光的组合创造了体育旅游发展的契机

为了吸引更多的体育旅游爱好者，大多数的体育赛事活动、体育节庆活动都设在风景优美、经济发达的旅游城市或交通便利的沿海地区和海滨，有的甚至建在高档的旅游度假区内，这些优美的环境让在此体验的人流连忘返。上海市的大部分体育旅游活动场所环境优美，设施完善。旅游者在尽情享受体育运动休闲时光的同时还可以领略城市环境的秀美，这对旅游者来说具有相当大的吸引力。这种休闲游憩型的体育旅游运动对体育旅游市场的开发起着积极的推动作用。如上海东平国家森林公园是集休闲、娱乐、活动和赛事于一体的综合性公园，近年来举办了一系列体育休闲活动，如200公里环岛自行车赛、崇明森林半程马拉松赛、100公里环岛超级马拉松赛和趣岳帐篷节、房车运动博览会等。珠湖公园荣获"上海市四星体育旅游休闲基地"称号，公园内部不断完善旅游基础设施，提升服务能级，先后成功举办了铁人三项比赛、中欧AMP24小时精英挑战赛、明珠湖杯第八届长三角城市龙舟邀请赛、崇明区龙舟赛等赛事活动，充分彰显了体育休闲旅游的品牌影响力。下一阶段，公园将充分利用得天独厚的资源优势和区位优势，继续完善具有自身特色的国际路亚钓基地和明珠湖环湖跑道功能设施，倾力打造环境优美、服务一流的特色体育休闲公园。

1.2 广博的客源形成了巨大的体育旅游潜力市场

上海市区位条件优越、交通便捷，处于华东地区及长三角地区的核心地带，且毗邻日本、韩国、新加坡等并联系紧密。而这些地区和国家经济发达，旅游人口相对较多，为上海提供了良好的国际旅游客源基础。国际旅游市场的日益扩大以及各种国际体育赛事在上海的举办，为今后形成国际体育旅游人口创造了条件。

途牛旅游网的监测数据显示，2017年预订体育旅游线路的人数同比上涨150%，国内体育旅游市场有较大发展潜力。从时间和花费上来看，20%的用户仅愿意为一次体育旅游行程花费3天以内时间，50%的用户愿意花费4~6天时间，愿意花费7天以上时间的用户占比30%。预算方面，42%的用户可接受2000元以下的消费，45%的用户预算为2000~4000元，预算为4001~6000元的占比仅为9%。户外游是最受欢迎的体育旅游类别，占整体产品的75%。其次是体育观赛游，占15%。相比于昂贵的跨国体育旅游，70%以上的消费者更加喜欢国内户外游，徒步、骑行等项目最受欢迎。境外观赛型体育旅游和参赛型体育旅游成了近年来的新亮点，各大赛事的旅游产品深受游客青睐。

1.3 丰富的体育旅游资源为上海市体育旅游的发展创造了必要条件

凡能激发体育旅游者的旅游动机，为体育旅游业的经营活动所利用，并由此产生经济价值的各种环境因素和条件，均属体育旅游资源。体育旅游资源是体育旅游业存在和发展的基本条件，体育旅游者对目的地的选择首先考虑的是体育旅游资源。上海市的体育旅游资源十分丰富，为上海市体育旅游的发展创造了必要条件。

体育旅游资源总体上以观赏型体育旅游资源为主，参与型体育旅游资源较少。概括起来，有以下特征：

（1）数量众多，类型齐全

上海市具有一定级别的体育旅游资源涵盖了体育赛事、体育节庆、体育旅游小镇、运动俱乐部、体育休闲公园等各种具体的业态类型。如ATP网球大师赛、上海旅游节、青浦区金泽帆船运动小镇、上海美帆游艇俱乐部、上海滨江森林公园等。

（2）赛事多样，内容丰富

上海市体育局官方数据显示，上海2016年举办国际性赛事10项，国内赛事33项；2017年举办国际性赛事14项，全国性赛事32项；2018年举办国际性赛事65项，全国性赛事88项；2019年举办国际性赛事90项，全国性赛事91项。由此可见，上海举办的赛事无论从数量还是级别上都已处于国内乃至国际领先水平，初步奠定了上海作为全国乃至国际性体育赛事中心城市的地位。

（3）生态彰显，文化点缀

相对于城市中心区而言，部分体育休闲场所的生态环境是最令人神往的。空气清新自然，植被郁郁葱葱，充足的负氧离子让疲惫的身心得到了有益的放松；而优美的环境为体育旅游又染上文化气息，使体育旅游更为厚重，更有内涵。

（4）长三角一体化的实施为上海市体育旅游产业联动发展加快了速度

伴随着长三角一体化的发展，长三角地区体育旅游也加快了联动发展。每年的上海旅游节期间都会围绕长三角地区的旅游发展举办各种不同主题的高峰论坛，助推了长三角客源互送、市场共建。每年的国庆假日期间，长三角地区旅游客源互送增长态势明显，且高铁出游日益成为长三角旅游的主要方式。上海市文化和旅游局2019年的统计数据显示，外省市来沪游客客源中，占比排名前五位的分别是江苏、浙江、安徽、广东、北京。2019年10月1日至7日，上海旅游集散总站累计发送旅客1.24万人次，发车412班次。长三角地区在经济上相互支持、协调发展，体育旅游就更应该共同发展、形成网络。以上海的体育旅游吸引游客，可以带动周边地区的发展；以周边优秀的旅游资源招揽旅游者更可以带动上海的发展，逐步形成长三角地区的体育旅游产业集群。长三角地区可在保持各自特色的基础上共享客源、共同宣传，以形成强大的体育旅游产业链。

2 上海市体育旅游发展存在的主要问题

2.1 上海市发展体育旅游带来的总体影响

总的来说，发展体育旅游是为上海市经济发展和社会进步创造契机，也将体现一定的社会和经济效益，它会以特色旅游为先导，依托体育运动和宣传媒介的优势，促进地方体育旅游经济的繁荣，带来积极的影响。但不可避免的是，体育旅游产业由于刚刚成熟起来，必然会存在缺陷和弊端，所以也会造成一系列的消极影响（表1）。

2.2 上海市发展体育旅游需关注的核心

2.2.1 体育旅游产品体系不完整

（1）体育旅游产品开发不足

完善体育旅游服务标准系统，推进体育旅游地设施规范化构建，将有助于提高游客的满意度，而且游客的满意度与旅游地的产品层次呈正相关。目前，上海市体育旅游产业中体育旅游产品的体系还不尽完善。首先，在体育旅游发展中，体育旅游产品的观赏性没有被完全开发出来，以至于体育旅游产业的优势展现不出来。其次，体育旅游产品具有重复性，体育旅游产品开发的周期较长，没有办法在短时间内运转，从而影响

表1 上海市发展体育旅游的积极影响和消极影响对照表

主要影响	积极方面	消极方面
区域经济	● 促进GDP增长，推动上海旅游业及其他行业的发展 ● 提供就业机会，保障社会稳定 ● 促进招商引资和经济发展，有利于税收 ● 促进经济多样性，有利于保持经济基础的稳定	● 缺乏整体行业导向支持 ● 规划落后造成客源市场开发不足 ● 体育旅游产品及附带产品种类缺乏 ● "体育旅游"精品线路策划经验不足
社会文化	● 促进地方公共服务事业发展 ● 提高上海市居民的素质 ● 提升上海市城市整体形象	● 偏向"专业化"，"大众化"程度不够 ● 部分地区旅游接待服务能力较差 ● 体育旅游区社会秩序混乱
地方环境	● 促进生态环境保护 ● 改善土地利用结构 ● 在活动过程中增强人们的环保意识	● 大量占用耕地及浪费水资源 ● 使用化学物质维护景区造成环境污染 ● 旅游区规划不合理

了体育旅游的发展。最后，体育旅游产品没有体现完整的文化内涵，游客没有办法从体育旅游产品中感受到当地的文化特色。现阶段，上海的体育旅游产品以观赏低水平开发的旅游资源为主线，拥有享受性、参与性、娱乐性等特点的高质量体育旅游产品开发严重不足。

（2）体育赛事对旅游经济的带动作用有待进一步挖掘

现场观众是体育赛事旅游价值的最直接体现，目前上海各项赛事的现场观众人数仍然偏少。上海赛事场馆空间和旅游空间之间的转化率和融合度有待提高。当今的体育场馆朝着标志化、规模化、综合化和多元化方向发展，往往成为举办城市的标志性景观建筑物。上海现有体育赛事场馆的旅游功能尚不充分，难以独立形成上海新的旅游景点。上海国际赛车场、旗忠网球中心和上海体育场（图1）等作为上海最具标志性的赛事场馆，仍以单一的赛事功能为主，在旅游市场影响有限。另外，上海赛事对城市旅游形象的推动作用尚待提升。虽然目前上海主要品牌赛事的电视转播收视观众数和其他国家同级别赛事相当，甚至还处于领先水平，但上海体育赛事有意识地带给上海城市旅游形象的曝光机会仍然不多。

2.2.2 体育旅游基础设施不完善

在"一带一路"视域下，沿线国家对体育旅游发展的需求明显提升，但是基础设施的建设没有办法满足其需求。每个地区对旅游产业的需求量都是不同的，大部分地区都有旅游旺季需求旺盛的情况，在每年旺季的时候，当地的交通和住宿以及设施就会出现供不应求的现象，这严重影响了当地体育旅游的发展。上海也如此，部分体育旅游基础设施不完善，而且旅游住宿、交通、餐饮等服务设施和现代化城市严重脱节，缺乏体验内涵与延伸价值。公共体育设施建设不足，人均体育场地面积和公共体育设施综合利用率有待提高，公共体育设施管理制度和公共体育场馆管理体制还需进一步完善。

2.2.3 体育旅游服务质量不高

体育旅游服务质量是体育旅游产业综合竞争力的重要标志。目前越来越多的旅游景区正在积极拓展体育旅游项目，与国内旅行社共同打造健身休闲项目，利用体育赛事来营销景区，树立景区的新形象。常态化的体验型体育旅游活动和景区型体育旅游活动成为市场发展的主流。体验型体育旅游活动的增加，势必对旅游服务质量提出较高的要求。而目前，在整体体育旅游服务体系中，体育旅游资源的丰富程度与环境的美化程度、体育休闲活动的丰富程度和影响力大小、景区规模大小和接待人次的多少、服务管理和配套设施的水平等方面还存在诸多问题。上海市依据相关国家标准已经制定了《体育旅游休闲基地服务质量要求及等级划分》这一地方标准，将体育休闲旅游基地划分为三个级别，从高到低依次为五星级、四星级、三星级，但是对其他类型旅游目的地及资源服务质量的管理与监测还需进一步完善。

2.2.4 体育旅游专业人才缺乏

体育旅游包括体育运动和观光运动两个领域。体育旅游的发展既需要拥有专业体育运动能力的人才，又需要具有旅游服务能力的人才，这是两个产业融合的重要条件。体育活动必须遵循科学的锻炼方法来达到健身娱乐的目的，但有很多活动项目必须在专业人员指导下才可以参与，如潜水、蹦极、攀岩等。所以体育旅游从业者必须是精通体育与旅游两种学科的专业人员，这样不仅可以让旅游者更有效地参与和体验体育项目，也可以减少事故发生。但是目前这种复合型人才在上海旅游业界比较缺乏，而且能提供此类专业教育和培训的机构也较少。

2.2.5 体育旅游品牌塑造存在弊端

随着我国体育旅游飞速发展，户外运动、体育休闲游（图2）等逐渐成为人们旅游度假的主要吸引点，地方政府和旅游企业投资主体积极努力地打造具有地方特色的体育旅游目的地，有效地拉动了体育旅游业发展。但在发展的过程中，依然缺乏合理的规划意识和塑造品牌的专业意识，导致体育旅游资源开发形式匮乏、同质化和品牌缺乏吸引力等问题出现。上海市的部分体育旅游品牌塑造没有立足本地优质资源特色、环境特点、民俗特色等，没有更深入地挖掘体育文化资源，没有创建独特的品牌，不具备创新能力，这些都严重制约了上海市体育旅游品牌的构建。

3 上海市体育旅游经济影响力分析与评价

对于体育旅游经济影响力，国际和国内的研究中都没有明确的评价体系。美国、英国、加拿大等一些发达国家的学者们都主要从体育赛事举办的角度出发，通过分析赛事的经济影响来评价城市的体育旅游经济影响力。但是考察体育旅游经济影响力也不能单从体育赛事这一个维度来进行分析，因为体育旅游的业态包含多方面，体育赛事只是其中的一个主要部分，并不能代表全部。

3.1 上海市体育旅游发展经济影响因素的主要构成

3.1.1 上海市的整体经济水平（GDP）

城市整体经济水平的高低影响着其满足旅游者旅游消费需求的能力。一方面，经济水平较高的地区可以承担因体育旅游发展需要而投入的大量基础设施建设费用，为旅游者的游览和出行带来很大方便。这种良好的环境会吸引很多旅游者前来，从而加强体育旅游对经济的影响。另一方面，经济水平高意味着商品种类齐全，劳务服务多

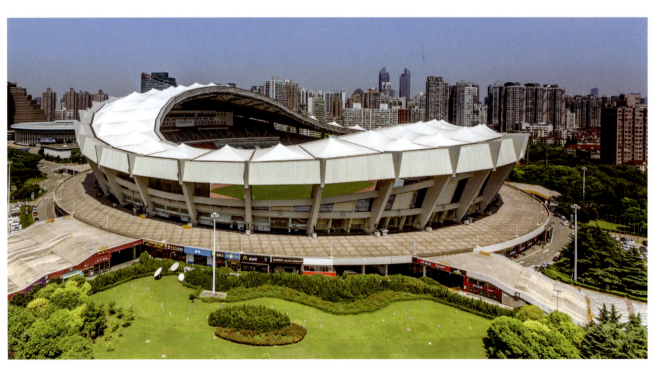

图1 上海体育场

图片来源：摄图网

图2 户外运动已成为旅游度假的吸引点　　　　　　　　　　　　　张晓迎/摄

样，居民的商业意识较强，这也会大大满足旅游者对体育旅游商品和服务的需求，提高体育旅游目的地的吸引力。

3.1.2 体育旅游资源和设施的吸引力

体育旅游资源和设施的吸引力是影响体育旅游企业开发和宣传力度以及旅游者数量的主要因素。体育旅游资源的欣赏、娱乐价值越高，就越可能吸引更多的体育旅游企业对其进行开发和宣传，从而改善资源的基础设施环境，突出资源特色，吸引大批旅游者到来。同样，体育旅游设施的休闲娱乐性也会影响其对游者的吸引力。而体育旅游辅助设施，如酒店等的品质也会影响旅游者的消费预期，更高档次的酒店会带来更多的旅游者消费。

3.1.3 非上海市体育旅游从业人员比例

在旅游经济学基础理论中，旅游收入的分配当中有一项是人员工资的支付，这也是容易造成经济漏损的支出项目之一。漏损额的大小取决于企业员工是否是本地人员，本地人员越多，则漏损越小，旅游收入还会在目的地的经济体内循环。反之，则会造成资金外流，从而减弱旅游经济效应。体育旅游经济效应考察中，这一因素是十分必要的。

3.1.4 上海市政府的财政投入

政府在体育旅游发展中的地位是十分重要的，表现在政府对发展体育旅游的基础设施的供给方面。体育旅游的发展首先以一定的基础设施为条件。旅游企业一般只关注旅游娱乐设施和辅助设施的投资，而道路交通、公共卫生、医疗设施等公益设施都需要由政府来提供。这类投资的多少将影响体育旅游目的地的可进入程度，从而影响体育旅游对当地经济发展的促进程度。

3.1.5 政府对体育旅游产业的政策影响

政府对体育旅游的经济影响还表现在政策制定方面。支持体育旅游发展的政策会提供良好的法制环境和投资环境，能充分保障旅游投资企业的利益，并给予适当优惠，以此来吸引企业投资，增加体育旅游产品的供给。

3.1.6 体育旅游者的类型

旅游者作为旅游需求的主要方面对旅游经济有很大的影响。旅游者数量越多、消费水平越高，对目的地的经济影响就越大。比如体育旅游消费群体中，白领最多，其次是学生，还有少部分商务人士等。白领和商务人士消费能力高，在消费过程中对价格不太敏感，这类旅游者较容易增加当地体育旅游商品的销售收入；学生消费能力较低，更多的是追求放松和娱乐，不会为获取某件商品而花费太多的金钱，对当地体育旅游商品销售收入影响也就不会太大。因此，不同体育旅游者的类型所带来的经济影响也不尽相同。

3.2 上海市体育旅游经济影响力的具体评价

3.2.1 对体育旅游客源市场的影响

项目组成立了专门调研组对上海市及周边地区行政主管部门（上海市文化和旅游局、上海市体育局、衢州市体育局等）、体育旅游相关企业（中国乒乓球博物馆、上海美帆游艇俱乐部、绿创森林运动有限责任公司等)进行了调研,收集了大量的一手、二手资料和数据。此外,结合体育旅游大数据快速发展的新形势,项目组专门采集了来自中国产业研究院、政府以及占大量市场份额的携程旅行网、马蜂窝旅行网、途牛旅游网等的相关数据。数据显示,从客源地来看,上海市主要体育旅游客源市场集中在南京、杭州、北京、天津等城市,均属长三角和京津冀经济圈;从旅游类型来看,上海市的主要体育旅游客源市场集中在体育观赛游和国内户外游。

途牛旅游网监测数据显示,上海作为一线城市,用户对体育旅游热情较高,以具有稳定收入的公司职员为代表的白领运动爱好者,成为体育旅游消费的主力群体,在整个旅游消费群体整体结构中占53%。此外,学生以33%的比例位列第二。从年龄分布上来看,21~40岁约占62%,领先于其他年龄层。此外,在整个人群中,女性占到六成。

3.2.2 对区域经济发展的影响

对区域经济可能产生重大影响的体育旅游项目,可以从区域经济发展、产业空间布局、当地财政收支、社会收入分配、市场竞争结构以及是否可能导致结构失衡等角度进行分析评价。

3.2.3 对旅游行业经济的影响

分析旅游行业的经济影响,主要是掌握旅游行业的基本现状,具体可以参照以下方面:

(1)投资规模巨大、建设工期较长(横跨5年甚至10年规划)的体育旅游项目;

(2)在国民经济和社会发展中占有重要战略地位,体育旅游项目实施对所在区域或宏观经济结构、社会结构或相关群体利益格局等产生较大影响;

(3)体育旅游项目实施会带来技术进步和产业升级,促使关联产业或新产业产生和发展;

(4)体育旅游项目对生态及社会环境影响范围广,持续时间长;

(5)体育旅游项目对国家经济安全产生影响;

(6)体育旅游项目对区域或国家长期财政收支产生较大影响;

(7)体育旅游项目的投入或产出对进出口影响较大;

(8)体育旅游项目能够对区域或宏观经济产生其他重大影响。

经济影响力方面,由图3可知,2014—2017年上海市体育旅游城市经济影响力发展速度快,四年间提高了26.81%。人均GDP、人均可支配收入、旅游业GDP等指标均有不同程度的提升。

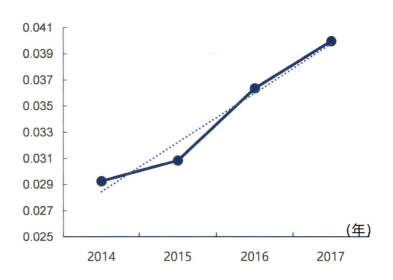

图3 2014-2017年上海市体育旅游城市经济影响力

[统计数据均来源自《中国统计年鉴》(2014—2018年)、《中国旅游统计年鉴》(2014—2018年)、《上海统计年鉴》(2014—2018年),部分缺失数据选择同类数据替代。]

4 上海市体育旅游发展的对策

我国在20世纪80年代,把SWOT分析主要应用于企业市场营销,20世纪90年代开始移植应用于旅游发展与规划。旅游发展与规划中,旅游地的经济发展分析也是旅游地开发和战略经营管理中的一个关键问题。它的分析需要有像SWOT(表2)这样的综合定性技术方法支持,才能全面有机地进行。通过SWOT分析,上海市体育旅游经济发展给所处环境带来机会和威胁,对自身的优劣势有了更清晰的认识,为下一步制定具体的发展措施与规划提供了有力的依据。

表2 上海市体育旅游发展的SWOT分析

优势	劣势
1. 经济区位优势明显； 2. 旅游业态特色鲜明； 3. 良好的体育旅游产品及服务品牌经营； 4. 高端完善的城市基础设施设备； 5. 依托政府优势，强有力的资金和技术支持	1. 体育旅游国际知名度不够； 2. 投资大，日常管理运营费用较高； 3. 体育旅游产品服务同质性高，具有可复制性； 4. 部分体育旅游产品价格较高； 5. 体育旅游业态开发不足
机遇	威胁
1. 享有长三角地区开发的优惠政策，加大体育旅游项目的开发与建设力度，海内外资金投入上海市体育旅游开发； 2. 改善交通、通信、生态、城建等基础设施； 3. "一带一路"倡议带动了中外游客数量增加	1. 国内外竞争激烈，潜在竞争者不断增多； 2. 经济大环境不景气，影响游客数量； 3. 旅游淡旺季影响明显； 4. 体育旅游业属于新兴产业，发展经验欠缺，部分核心问题和困境还需进一步研究和探讨

4.1 劣势改善

（1）与国内外知名的旅行社、宣传媒体合作，快速扩大知名度，将上海市体育旅游的品牌形象推广出去。

（2）注重体育旅游产品创新，保证高端专业的服务，通过宣传培养体育旅游消费者接受部分高价格体育旅游产品、享受高端服务的消费意识。

（3）开发体育旅游市场需求，建立新的营利模式。与上海当地知名的旅游景区合作，共同开发新型体育旅游业态。

4.2 降低威胁

（1）发展省外以及国外游客市场，积极拓展上海本地市场，使收入来源多样化的同时提高知名度，使上海市体育旅游淡旺季都能有固定的收入。

（2）利用网络的便利性，启发话题，吸引游客注意，引起游客好奇心，有效增加客源量。

（3）进行高效媒体公关，使客源市场更多地了解体育旅游的产品与服务，加强体育旅游消费需求。

综上所述，开发上海市体育旅游应力求做到理论与实际相结合，要具有较高的前瞻性和创新性，对今后上海市体育旅游项目策划生成、体育旅游精品项目建设、体育旅游目的地体系建设、旅游项目体制创新应具有战略指导意义，同时在世界级体育旅游品牌打造、体育与旅游融合、体育休闲度假建设、体育生态休闲开发、体育旅游新业态培育等方面实现新的规划突破，这些做法对丰富上海市体育旅游产品体系、推动新型体育旅游产品体系建设、加快推动上海体育旅游产业的转型升级将具有重要的影响。同时在具体运作过程中还要解决可能遇到的税收、土地政策、发展专项资金、市场宣传以及企业经营管理等相关问题。

参考文献

崔瑞华，徐静，王泽宇，等，2018. 中国沿海地区滨海体育旅游竞争力评价[J]. 辽宁师范大学学报(自然科学版)，41(1)：125-134.

刘华芝，2015. 体育旅游目的地竞争力的评价指标体系研究[J]. 管理观察(28)：156-157.

刘彦平，2017. 城市影响力及其测度：基于200个中国城市的实证考察[J]. 城市与环境研究(1)：25-41.

沈丽玲，应淑娟，2018. 体育旅游产业特征及发展策略[J]. 当代体育科技，8(28)：222-224.

王海涛，武辉林，2018. 河北省创新型城市建设评价指标体系研究[J]. 河北省科学院学报，35(4)：32-36.

厦门马拉松旅游经济效应追踪研究：基于2006—2017年调查报告的分析

A Longitudinal Study on Economic Impact of Xiamen Marathon on Local Tourism Industry (2006-2017)

文 / 徐卫华 杨小月 林馨雨

【摘　要】

基于2006—2017年的《厦门马拉松社会经济效益报告》，采用文献资料法、数理统计法和逻辑分析法，追踪研究厦门马拉松旅游经济效应。结果显示，厦门马拉松带动的旅游收入逐渐增加，且带动了全市旅游收入的增长；排除其他因素，举办马拉松带动的旅游收入每增加1亿元，预测带动的全市旅游收入将增加370.74亿元；每增加1届比赛，预测带动的旅游收入将增加3189.73万元；在4万~6万人区间内，比赛规模每增加1万人，预测带动的旅游收入将增加2.23亿元；厦门马拉松参与者的消费以必然性支出为主，并显著高于普通游客，且逐渐趋于理性和由物质性消费向精神性消费转变。

【关键词】

马拉松；赛事旅游；追踪研究；经济效应

【作者简介】

徐卫华　厦门市体育局水上运动中心主任、副研究员

杨小月　集美大学体育学院硕士研究生

林馨雨　武汉大学国家文化发展研究院博士研究生

图1 厦门马拉松赛绿色赛道　　　　　　　　　　　　　　　　　　　　　　　　　　　　　　　赵建军/摄

学界公认,举办大型体育赛事对举办国(地)的经济社会发展具有推动作用。其中,赛事旅游是举办国(地)经济发展的重要方面。马拉松是一项传统体育体系的运动,几十年来,马拉松已由少数精英运动员参加的奥运项目转变为最普遍的大众体育运动项目之一,吸引了大批跑步爱好者和慢跑者。在20世纪60年代后期第一次"跑步浪潮"中,马拉松成为一项大众休闲运动(瓦格纳 等,2018)。在此演变过程中,马拉松与旅游逐渐融合,产生了新的业态——马拉松旅游。近年来,国内马拉松赛事井喷式激增,使得马拉松旅游成为一个独立的研究领域。然而,既有的静态横断案例研究无法从总体上把握一项马拉松赛事旅游经济效应的变化发展趋势,由此提出的建议略显偏颇。因此,对一项年度性赛事带动的旅游经济效应进行追踪研究,有利于纵览全局,并为决策者提供更科学的依据。

厦门是旅游城市,先后获得中国优秀旅游城市(1999年)、国际花园城市(2002年)、中国青年喜爱的(海西)旅游目的地(2006—2008年、2010年)、中国最具国际竞争力旅游城市(2007年)、中国旅游竞争力百强城市(2009年)、中国旅游休闲示范城市(2015—2016年)等称号。厦门市文化和旅游局官网报告的数据显示,厦门市旅游收入呈逐年递增的趋势,2017年厦门市旅游总收入为1168.52亿元,增加值465亿元,占厦门市GDP的比重为10.8%(厦门市文化和旅游局办公室,2018),旅游成为厦门市的支柱产业之一。2018年厦门市旅游总收入达1402.12亿元,同比增长19.99%(厦门市文化和旅游局办公室,2019)。按照产业分类,赛事旅游是旅游的组成部分。按照赛事旅游的分类,马拉松赛事旅游是体育赛事旅游的特定类型。对厦门马拉松旅游经济效应进行追踪研究,有利于从总体上把握其发展趋势和正向影响程度,对赛事供给

以及城市旅游营销策略的选择具有理论指导意义,对厦门市旅游产业结构升级具有实践指导意义,对国内其他马拉松赛事和厦门市"一区一品牌赛事"的追踪研究具有借鉴意义。

为了探讨厦门马拉松赛(图1)带动的旅游收入与厦门市旅游总收入的关联性、赛事供给、赛事旅游收入来源和赛事参与者与普通游客的差异,本文采用文献资料法、逻辑分析法,采集厦门市统计局(2003—2014年)、厦门远见管理咨询有限公司(2015-2017年)、央视市场研究股份有限公司(2018年)和厦门大学品牌与广告研究中心(2019年)所做的《厦门马拉松社会经济效益报告》中的数据,基于报告本身可信有效的假设,本着研究需要、可获得性和可比较性的原则,截取2006—2017年的相关数据,使用Stata 5.0软件进行相关性和多元线性回归分析,对厦门马拉松旅游经济效应进行历时态的追踪研究,以期填补该领域研究的空白。

1 马拉松旅游经济效应研究概述

国外马拉松赛事旅游文献的发表年份集中在1982年之后（王克稳 等，2018），主要研究领域有：参赛者个人特征、目的地影响、赛事供给、参赛者旅游态度和行为等。国内马拉松赛事旅游研究始于2004年，主要研究领域为：马拉松赛对举办地的经济、旅游业和体育产业发展的影响，马拉松旅游的发展现状、发展战略、发展策略和发展思路，马拉松旅游产品和市场培育，马拉松赛事与旅游融合发展，马拉松赛事旅游消费特征等。

对马拉松旅游经济效应的实证研究文献不多。李海霞（2015）的研究验证了参赛者人口统计学特征与国籍对不同居住地的参赛者的本体支出、非本体支出，以及未来参赛意愿的影响。刘照金等（2016a）用投入—产出（I-O）经济模型验证了马拉松赛事外地参与者消费有助于当地经济的投入，对当地经济有显著正面影响。刘照金等（2016b）的另一项研究验证了外地参与者停留天（夜）数与日均消费值、赛事参与者带动的各产业部门的总产出、增加当地民众所得及创造就业机会都存在地区间的显著差异，且路跑赛事外地参与者消费额高于一般国民旅游与单项运动之消费额。李兆锋等（2016）的研究验证了参赛者的人口统计学特征和停留时间、训练年限、是否首次参加赛事均在不同程度上对旅游参赛者的消费支出产生影响。王洪兵等（2017）的研究验证了参赛者的参赛开支与收入呈正相关，赛事开支与每年参赛次数呈负相关。徐卫华等（2004）通过研究赛事参与者的消费支出证实了厦门马拉松有助于厦门市旅游业的发展。赵承磊（2012）的研究认为厦门马拉松有助于厦门市旅游产品开发和结构升级、扩大客源市场、拓展促销渠道、提升服务水平。叶新才（2014）基于厦门市统计的调查报告分析了厦门马拉松2009—2013年外地观赛游客消费特征。

既有文献以"影响"研究为主，涉及马拉松参赛者消费的人口统计学特征、马拉松对举办地的经济影响、不同举办地之间的消费差异、马拉松赛事旅游消费构成和片段的发展变化；多以案例研究为主，涉及北京、上海、厦门、金门、花莲和台北马拉松6个赛事；研究的时间跨度以静态横断的时间点为主，仅有1篇文献涉及2009—2013年的片段。此类研究均无法从总体上把握一项年度性赛事给举办地带来的旅游经济效应的变化发展趋势、正向影响程度与可持续性、赛事供给与旅游经济效应的影响程度、分项花费对旅游经济效应的贡献率、赛事旅游者与一般旅游者消费的差异性等，为赛事主办者和城市营销决策者提供的指引也略显不足。

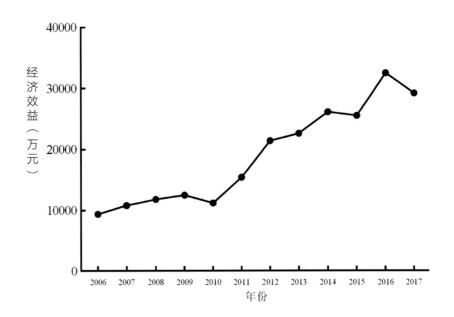

图2 2006—2017年厦门马拉松旅游经济效应发展趋势

2 厦门马拉松旅游经济与全市旅游经济相关

2.1 厦门马拉松旅游经济效应总体呈增长趋势

据2006—2017年厦门马拉松带动的旅游收入做的趋势图（图2）显示，厦门马拉松旅游经济效应总体呈上升趋势。除2010年（-10.40%）、2015年（-2.30%）和2017年（-10.15%）同比为负增长外，其他年份同比均为正增长，年均增长率达12.05%，其中2012年（38.96%）涨幅最大，2013年（5.61%）涨幅最小。

2015年和2017年同比负增长可能与赛事项目设置和规模设计有关。2003年厦门马拉松创赛之初，有全程马拉松、半程马拉松、10km和5km四个项目，2011—2014年增加了轮椅半程马拉松和轮滑10km两个项目，共计六个项目。2015年开始缩减比赛项目，仅设全程马拉松和半程马拉松两个项目，2016年仅设全程马拉松和5km两个项目，2017年缩减为全程马拉松一个项目。2003—2014年赛事规模逐年增长，最高的2014年报名人数达77151人。2015年后因项目缩减赛事规模开始缩小，2017年报名人数仅为30781人。赛事规模缩小、参与者减少使得旅游消费下降，导致2015年和2017年旅游收入减少。2010年同比负增长可能与比赛当天的天气有关。气象部门提供的信息显示，2010年1月2日比赛当天为雨天，降雨量为10.8mm。可预见的雨天使得实际参赛人数减少（报名未参赛），导致旅游收入减少。

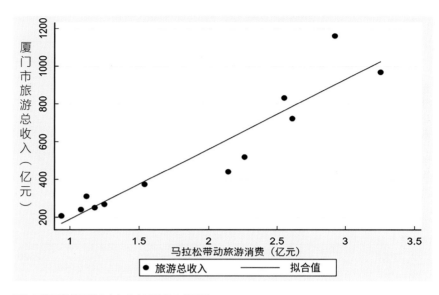

图3 厦门马拉松旅游收入与全市旅游收入的关系

2.2 厦门马拉松旅游收入带动全市旅游收入增长

相关分析显示，厦门马拉松带动的旅游收入与厦门市旅游总收入呈显著正相关（$P=0.000<0.01$，$95\%CI[274.39;467.09]$），即厦门市旅游总收入会随着马拉松带动旅游收入的增加而增加（图3）。多元线性回归分析显示，在不考虑其他因素的前提下，2006—2017年，举办马拉松带动的旅游收入每增加1亿元，预测带动的经济效益将增加370.74亿元。

该结果表明，厦门马拉松带动的旅游收入对全市旅游总收入已经产生影响。虽然每届马拉松比赛前后三天的参与者旅游收入在3.5亿元以下（最高的2016年为3.25亿元），但其对全市旅游经济的带动效应已经显现。

综上，2006—2017年，厦门马拉松赛带动的旅游收入总体呈增长趋势，且对厦门市旅游总收入的增长具有带动效应。从3个同比负增长的年度看，马拉松带动的旅游收入可能与参与者的数量有关。为了验证这一推测，本文做了进一步的深入分析。

3 厦门马拉松带动的旅游收入与参与者数量相关

3.1 厦门马拉松旅游经济效应与比赛届数正相关

相关分析显示（图4），厦门马拉松带动的旅游收入与马拉松的举办届数呈线性显著正相关（$p=0.001<0.01$，$95\%CI[1619.049;4760.401]$），即厦门马拉松带动的旅游收入，每举办一届其带动的旅游收入随之增加。多元线性回归分析显示，在不考虑其他因素的前提下，2006—2017年，举办马拉松的届数每增加一届，预测带动的旅游收入将增加3189.73万元。

赛事是旅游的激励因素。厦门马拉松自创始之初，就采取多种媒体的组合营销策略扩大知名度吸引参与者，还通过市旅游局、市外办、市台办等行政管理部门广泛邀请海内外旅游机构、国际友好城市和港澳台地区的马拉松爱好者参与其中。随着比赛届数的增加，赛事给城市留下的赛事遗产增加，知名度不断扩大，吸引的参与者不断增多，2006—2014年，赛事规模逐年递增，为旅游市场扩大了客源。2015年开始减少项目、缩小规模，并实行预报名抽签制确定参赛权。2019年厦门马拉松的设计规模为35000人，而有81073人参与了预报名，足

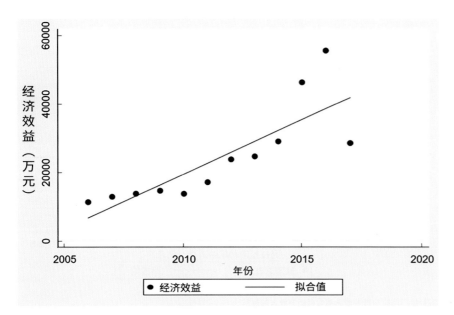

图4　厦门马拉松旅游经济效应与比赛届数的关系

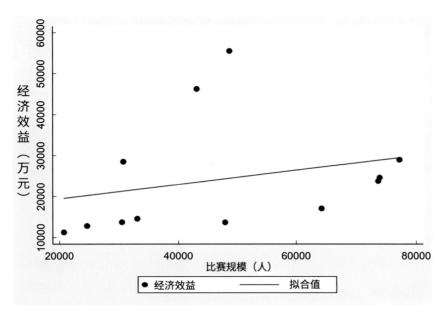

图5　厦门马拉松旅游收入与赛事规模的关系

见其对马拉松爱好者的吸引力。因此，虽然参赛者人数减少了，但观赛者人数可能增加，使其带动的旅游收入仍呈上升势头。这一现象从另一个侧面证实了厦门马拉松是优质赛事。

上述分析表明，厦门马拉松带动的旅游收入与比赛届数呈显著正相关隐含了与参与者数量的关系。

那么赛事规模设计是不是越大越好？本文做了进一步分析。

3.2　厦门马拉松带动的旅游收入在特定区间内与规模正相关

由于在采用总体数据进行分析时未见显著性，但试着将比赛规模进行适当分层后发现，比赛规模在一定区间内的不断扩大与其带动的旅游收入呈显著正相关。该区间的下限为40000人、上限为60000人。因此，将厦门马拉松的赛事规模划分为：小规模（少于40000人）、中等规模（40000~60000人）、大规模（多于60000人）三个水平。相关分析显示（图5），当厦门马拉松的规模为中等水平（40000~60000人）时，其旅游收入与赛事规模呈线性显著正相关（$p=0.001<0.01$，95%CI[2957.622；41614.33]），即马拉松旅游收入会随着比赛规模的扩大而增加。多元线性回归分析显示，在不考虑其他因素的前提下，2006—2017年，厦门马拉松赛事规模每增加10000人，预测带动的旅游收入将增加22285.97万元。

公共旅游资源在特定的区域和时间内具有一定的荷载，因此在使用上具有竞争性。一个地区在旅游资源开发初期适当增大旅游容量会带动当地经济效益的提升，但不可避免地会对旅游资源造成一定破坏。当游客量超出环境容量荷载时，资源过度使用的"挤出效应"使得资源保护和经济开发难以统一，经济效益可能放缓或者停滞甚至倒退。体育赛事旅游亦然，一个地区因举办马拉松能吸引大量参与者聚集该地（图6），群体消费可迅速提升当地的旅游收入。但是，当赛事规模较小时其参与者的消费对旅游收入的带动作用不明显，当赛事规模太大时因"挤出效应"产生的负向阻碍作用会导致体育赛事与旅游收入影响可能呈负相关。因此，赛事规模设计在合理的区间内才能发挥赛事对旅游经济效应的最佳作用。当然，赛事规模设计区间视举办地而异，也随举办地的旅游环境容量荷载而变化。

综上，厦门马拉松是优质赛事，从城市营销和旅游营销的视角，市政府及相关部门、赛事运营商应该齐心协力，不断提高办赛质量，增强赛事吸引力，促使赛事永续举办。当前厦门马拉松的设计规模（2019年为35000人）太小，供给不足。应将设计规模扩大到40000人以上，并根据历年实际参赛率（实际参赛人数/报名人数）适当上浮一定的幅度，确保实际参赛人数达到40000人以上。为了了解赛事旅游收入的主要来源，本文做了厦门马拉松参与者消费结构分析。

4 厦门马拉松参与者消费以必然性支出为主

马拉松赛事参赛者可分为"以体育运动为主的参赛者"和"以旅游为主的参赛者"两类，前者的占比为29.8%，后者的占比则高达70.2%。因此，马拉松赛事参赛者与旅游者具有很高的重合性（Rauter et al., 2014）。马拉松赛事参与者因赛事而产生的各项支出是赛事经济效应的重要体现。因赛事产生的支出包括与赛事直接相关的支出（报名费、比赛装备费和纪念品消费等）和与赛事间接相关的支出（包括交通、住宿、饮食、游览、购物、娱乐和通信等）。有研究者将马拉松赛事旅游定义为"在参加和观看各类马拉松赛事的过程中离开居住地而产生的旅游活动"，并将马拉松赛事参赛者在赛事期间的食住行游购娱定性为旅游行为。因此，本文将居住地为非厦门的赛事参与者（参赛者和观赛者）在赛事期间产生的与赛事间接相关的支出定义为旅游消费支出，包括必然性消费支出（单程长途交通费、住宿费、餐饮费、市内交通费和邮电通信费）和选择性消费支出（景区游览费、购物费、娱乐费和其他费用）两部分。

图6 2008年厦门国际马拉松赛现场　　朱庆福/摄

根据2006—2017年厦门马拉松观赛者和参赛者必然性消费支出和选择性消费支出做的趋势图显示，观赛者的必然性消费支出与选择性消费支出之间（独立样本t检验）呈非常显著性差异（$p=0.000<0.01$），即必然性消

费支出显著高于选择性消费支出（图7）。同样，参赛者的必然性消费支出与选择消费支出之间（独立样本t检验）也呈非常显著性差异（$p=0.000<0.01$），即必然性消费支出显著高于选择性消费支出。换句话说，无论是观赛者还是参赛者，其必然性消费支出均显著高于选择性消费支出，从发展趋势看，两类消费整体都呈缓慢的下降趋势。

进一步分析厦门马拉松参与者分项花费在总消费中的占比，结果显示（图8），虽然观赛者和参赛者分项花费在不同的比赛年份有小幅波动，但其总体排序却高度一致，分项花费占比从高到低的项目依次为住宿费、单程长途交通费、购物费、餐饮费、娱乐费、景区游览费、其他费用、市内交通费和邮电通信费。其中排名前四位的消费项目对旅游收入的贡献占主导地位，观赛者占比74.38%，参赛者占比79.79%。排名前四位的消费项目中，选择性消费支出仅购物费一项。从消费结构变化趋势看，无论是参赛者还是观赛者，都表现为购物费占比下降，而娱乐费占比升高，观赛者尤其明显。景区游览费占比排名第六，观赛者和参赛者的消费占比分别为5.83%和4.84%。

厦门马拉松参与者旅游消费以必然性消费为主，且必然性消费和选择性消费都呈下降趋势，表明其消费逐渐趋于理性。购物消费占比下降、娱乐消费占比上升可能是因为赛事参与者消费逐渐从物质需求向精神需求转变，也可能是因为互联网购物改变了赛事参与者的购物方式。代表旅游的重要指

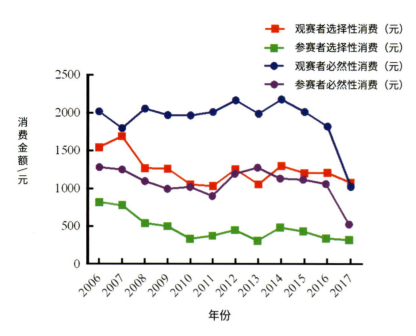

图7 2006—2017年厦门马拉松参与者必然性支出与选择性支出比较

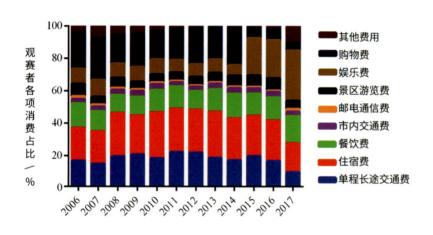

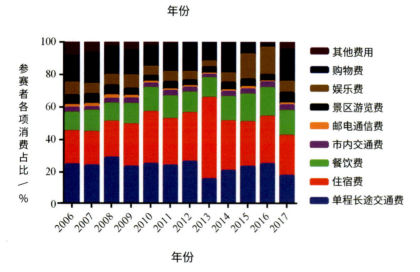

图8 2006—2017年厦门马拉松观赛者（上）与参赛者（下）消费结构

标之一的景区游览费支出所占的份额很小，可能与参与者多次重复参与有关。从2006—2017年厦门马拉松参与者景区游览人均花费金额来看，观赛者虽然随年份不同有小幅波动，但整体趋势比较平稳，且维持在中位数173.74元的水平。而参赛者有小幅波动，整体呈下降趋势，其中位数为127.20元。这可能与厦门马拉松赛道周边付费景区少有关，也可能与重复参赛者到景区游览减少有关。厦门远见管理咨询有限公司《2017年厦门国际马拉松赛调查报告》的数据显示，2017年受访的1002人中，首次参赛者240人（23.95%）、二次参赛者228人（22.75%）、三次参赛者162人（16.17%）、四次参赛者108人（10.78%）、五次及以上参赛者264人（26.35%），多次重复参赛者到景区游览的意愿会减弱，行为会减少。这一发展趋势提示，厦门马拉松赛事营销需要着力吸引新的参与者；厦门市应增加娱乐设施和服务项目，以满足赛事参与者和普通游客的精神消费需求；景区游览营销需要增加力度。

5 厦门马拉松参与者人均消费显著高于普通游客

厦门马拉松观赛者与参赛者之间的人均花费没有显著性差异。但厦门马拉松参与者与普通游客（非赛事游客）的人均花费分析（独立样本t检验）显示，观赛者与普通游客人均花费呈非常显著性差异（$p=0.000<0.001$）；同样，参赛者与普通游客人均花费也呈非常

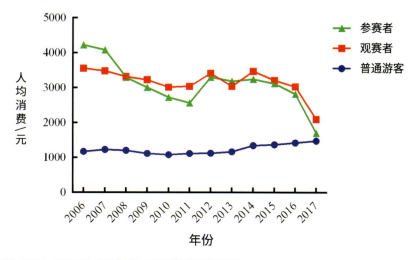

图9 2006—2017年厦门马拉松参与者与普通游客消费比较

显著性差异（$p=0.000<0.001$）。即厦门马拉松参与者的人均消费支出显著高于普通游客的消费支出（图9）。

这一结果与刘照金等人（2016a，2016b）的研究结果相同，表明厦门马拉松赛带动的旅游消费，更有利于全市旅游总收入增长。这一结果也验证了使半程马拉松项目成为一项独立赛事［厦门（海沧）半程国际马拉松赛］这一决策的正确性。虽然没有直接证据证明单项体育赛事参与者的消费额高于普通游客，但像"一区一品牌赛事"所形成的综合效应对厦门市旅游收入的增长应有一定的作用。这一结果提示，赛事旅游是调整厦门市旅游产业结构的重要方面，市委市政府应高度重视体育设施建设，为举办大型国际赛事奠定基础，同时积极向国际、国内相关组织申办大型赛事，促进产业结构转型升级。

6 结论、建议与局限

6.1 结论

（1）2006—2017年间，厦门马拉松带动的旅游收入总体呈上升趋势，且与厦门市旅游总收入呈显著正相关（$p<0.01$）。在不考虑其他因素的前提下，举办马拉松带动的旅游收入每增加1亿元，预测带动的全市经济收入将增加370.74亿元。

（2）厦门马拉松带动的旅游收入与比赛届数呈线性显著正相关（$p<0.01$），在不考虑其他因素的前提下，举办马拉松的届数每增加一届，预测带动的旅游收入将增加3189.73万元。

（3）厦门马拉松带动的旅游收入与参与者数量有关，分级分析显示，当比赛规模处于中等水平（40000~60000人）时，其带动的旅游收入与比赛规模呈线性显著正相关（$p<0.01$），在不考虑其

他因素的前提下，比赛规模每增加10000人，预测带动的旅游收入将增加22285.97万元；而当比赛规模太小（少于40000人）时，其带动作用不明显；当比赛规模太大（多于60000人）时，因"挤出效应"产生负向阻碍作用。

（4）厦门马拉松参与者的必然性消费支出显著高于选择性消费支出（$p<0.01$），且人均消费总额呈缓慢下降趋势，这显示厦门马拉松参与者消费更趋于理性。消费结构逐渐呈现由物质性消费向精神性消费转变的趋势，显示马拉松参与者对心理需要的满足开始增加。代表旅游经济重要指标的"景区游览"收入占比太小。

（5）厦门马拉松参与者人均消费总额显著高于普通游客（$p<0.01$），显示举办大型体育赛事更有利于拉动举办地旅游经济增长。证实了将半程马拉松项目设立为一项独立的赛事——厦门（海沧）国际半程马拉松赛是明智之举。

6.2 建议

（1）厦门马拉松是"政府倡导，市场运营"的优质赛事，从城市营销和旅游营销的视角，市委、市政府及其所属部门和赛事营运商应齐心协力，不断提高办赛质量（图10），确保赛事永续举办。

（2）厦门马拉松当前的设计规模太小，供给不足。从旅游经济的视角，应将赛事规模扩大到40000人以上，并根据历年实际参赛率适当上浮，确保实际参赛人数在40000人以上。

（3）多次重复参赛体现了参与者对厦门马拉松品牌的忠诚度日渐增加，但从旅游经济效应的带动作用看，赛事营销还应着力于吸引新的参与者。厦门是旅游城市，今后应当增加娱乐设施和服务项目，以满足赛事参与者和游客的精神需求。景区游览营销应加大力度。

（4）市委、市政府应高度重视体育设施的规划建设，为举办大

图10 厦门国际马拉松赛上保驾护航

陈玲/摄

型国际性赛事奠定基础。积极向国际、国内体育组织申办高规格、大规模的赛事，促进厦门市旅游产业结构转型升级。

6.3 研究局限

由于历年的《厦门马拉松社会经济效益报告》存在调查机构多变、统计指标不稳定、统计时间不连续、统计口径不一致、调查样本量差异等问题，本文无法做到2003—2019年全视域的研究，这也是追踪研究的难点所在。

基金资助

本文得到国家社会科学基金项目（17BTY064）资助。

参考文献

李海霞，2015. 赛事消费支出与未来参与意愿的影响因素分析：以上海国际马拉松赛为例[J]. 吉林体育学院学报，31（3）：30-35.

李兆锋，邢晓燕，2016. 我国马拉松旅游的消费支出特征分析[J]. 体育文化导刊（11）：122-127.

刘照金，董燊，黄仲凌，等，2016. 2015年金门马拉松赛事外地参与者消费对金门地区经济影响分析[J]. 金门大学学报，2（6）：1-13.

刘照金，曾庆裕，李彩云，等，2016. 台湾不同路跑赛事举办地点之经济影响[J]. 大专体育学刊，18（3）：163-177.

王洪兵，陈广，汤卫东，2017. 马拉松赛事参与者消费偏好及影响因素研究：基于126份调查问卷的多元LOGISTICS模型分析[J]. 南京师大学报（自然科学版），40（3）：166-172.

王克稳，李慧，耿聪聪，等，2018. 马拉松赛事旅游的国际研究述评、实践启示与研究展望[J]. 体育科学，38（7）：80-91.

徐卫华，赵克，王诵诗，等，2004. 竞赛表演市场对区域经济和社会发展作用的调查研究：以厦门国际马拉松赛为例. 中国体育科技，40（1）：23-25.

厦门市文化和旅游局办公室，2018. 2017年旅游事业发展概况[EB/OL]. [2019-06-27]. http://travel.xm.gov.cn/zwgk/xxgk/lyfznb/201802/t20180226_1851085.htm.

厦门市文化和旅游局办公室，2019. 2018年旅游事业发展概况[EB/OL]. [2019-06-27]. http://travel.xm.gov.cn/zwgk/xxgk/lyfznb/201903/t20190326_2239015.htm.

叶新才，2014. 体育赛事旅游产业化路径研究：以厦门国际马拉松赛为例[J]. 山东体育学院学报，30（3）：11-16.

赵承磊，2012. 厦门国际马拉松旅游效应与借鉴[J]. 商场现代化（3）：30-31.

瓦格纳，斯托姆，尼尔森，2018. 当体育遇上商业：体育赛事管理及营销[M]. 胡晓红，张悦，译. 北京：中国友谊出版公司.

RAUTR S, DOUPONA T M, 2014. Runners as sport tourists: the experience and travel behaviors of Ljubljiana Marathon participants[J]. Coll antropol, 38（3）：909-915.

体育赛事对举办地旅游产业的促进作用研究：
以第二届全国青年运动会为例

Effects of Sport Events on Tourism Industry of Host Cities: A Case Study of The 2nd Youth Game of the People's Republic of China

文 / 周成　田娟　付冰　郑伟　董二为

【摘　要】

随着"健康中国2030""体育强国建设"等国家规划纲要颁布与实施，举办体育赛事成为我国诸多地区提高城市经济活力、拉动体育产业发展的重要抓手，同时，体育赛事对地区旅游产业发展的推动作用也日益明显。本文以第二届全国青年运动会为研究案例，运用专家咨询、实地调研和问卷调查等方法，从基础设施建设、旅游产品完善、旅游形象推广等方面探讨了体育赛事对举办地旅游产业的多元促进作用。最后，从促进体育与旅游产业深度融合、降低体育赛事的消极影响、提升体育赛事的后续效应等方面提出相关对策和建议。

【关键词】

体育赛事；促进作用；旅游产业；青运会

【作者简介】

周　成　山西财经大学文化旅游学院讲师，旅游经济研究中心副主任

田　娟　山西财经大学文化旅游学院硕士研究生

付　冰　上海体育学院休闲学院博士研究生，沈阳城市学院酒店管理学院副院长，副教授

郑　伟　三明学院体育与康养学院副教授

董二为　美国亚利桑那州立大学教授

1 导言

近年来，随着"健康中国2030""体育强国建设"等国家规划纲要颁布与实施，体育产业成为地区经济转型升级的重要力量，体育赛事作为体育产业的重要组成部分，在展现城市发展魅力、促进地区体育设施建设、提升公共服务质量、吸引外地游客来访等方面都发挥着重要作用（阮威，2018）。

第二届全国青年运动会（以下简称"二青会"）于2019年8月8日到8月18日在以太原市为中心的山西省多个城市成功举办，该赛事是中华人民共和国成立以来山西省举办的规格最高、规模最大的综合性体育赛事，全国35个代表团，4.5万名赛事运动员、教练员、裁判员、技术官员等以及4万余名志愿者集聚山西，对山西省旅游产业的发展产生了诸多方面的正面作用。本文以"二青会"为例，从多个维度系统分析体育赛事对举办地体育产业的促进作用，并从促进体育与旅游产业深度融合、降低体育赛事的消极影响、提升赛事的后续效应等方面提出参考性意见。

2 相关研究综述

体育赛事在全球规模不同的城市均有举办。国内外诸多研究表明体育赛事对举办地旅游经济、城市基础设施、城市品牌形象以及地区居民素质等方面均具有正面影响。旅游经济方面，体育赛事通过场馆建设、赛事运营、运动员训练等可直接促进举办地赛事旅游市场和体育旅游繁荣（黄海燕，2015）。此外，赛事运动员、赛事观者和旅游者的到来，使举办地食宿、娱乐、交通和购物等消费需求不断增长，可优化所在地旅游产业结构（Burnet，2012；李佳，2019；卓明川 等，2015）。另外，赛事筹备运营、场馆建设维护、相关产业发展均可创造大量的就业和再就业机会，缓解城市就业压力，促进所在地社会和谐与稳定（陈玉萍 等，2016）。城市基础设施方面，体育赛事将技术先进、功能配套、规模齐全的现代化设施用于城市建设，从而提升举办城市的基础设施供应能力和运行效率（胡海涛 等，2011）。此外，为体育赛事举办而新建、扩建和改建的体育场馆设施（卓明川 等，2015）在满足赛事参与者和旅游者需求的同时，也会为城市提供完善的通信、交通和水利系统（黄海燕，2018）。另一方面，以Chalip为代表的西方学者认为大型赛事不会给举办地带来明显的经济效应，只有中小型赛事才可以带来举办地的可持续性发展（Chalip，2017）。

旅游品牌形象方面，体育赛事活动是传播地区形象的载体，是城市旅游营销的有效途径（Beerli et al.，2004；田静 等，2012），通过电视、互联网和广告等方式对赛事和所在城市进行宣传，可以更新城市面貌（Patrizia et al.，2009；李学东 等，2015）、引领城市形象（任海，2006）、重塑旅游品牌（刘东锋，2011；李超 等，2019）。地区居民素质方面，体育赛事的举办可在一定程度上丰富举办城市居民的精神生活、提高其整体素质（Song，2010）。观赏体育赛事活动，还可激发市民参与体育活动、进行体育锻炼、养成运动习惯的热情（Lee，2008；张翠芳 等，2018）。大型体育赛事结束后，一些场馆将被改建成市民健身与休闲场所，这将促进城市大众健身氛围的形成（黎珍，2018）和全民健身计划的实施（Prayag et al.，2013）。

3 研究方法与数据来源

3.1 研究方法

本研究在广泛参考体育赛事、节庆活动对举办地影响相关研究的基础上，通过对体育赛事管理、旅游管理等领域专家学者的咨询与访谈，结合山西省"二青会"的实际情况设计了体育赛事对举办地旅游产业促进作用的调查问卷。该问卷涉及两部分内容：第一，受访者的基本情况，包括性别、职业、年龄、收入等信息；第二，"二青会"对太原市旅游产业的影响，包括旅游基础设施、旅游产品结构、旅游形象推广等方面内容。其中，"二青会"对太原市旅游产业影响采用利克特5点式量表，1分表示"非常不同意"，2分表示"不同意"，3分表示"中立"，4分表示"同意"，5分表示"非常同意"。

3.2 数据来源

调查人员于2019年8月8日至8月25日，通过"问卷星"平台以及现场发放问卷的形式对赛事举办地的居民展开调研。发放问卷共433份，回收整理后获得有效问卷375份，问卷有效率达86.6%。在问卷调查数据的基础上运用Excel和SPSS24.0等分析软件对所得数据进行数理统计分析。受访者的基本情况如表1所示。

表1 受访者人口统计学特征（N=375）

类别	项目	人数/个	百分比/%	类别	项目	人数/个	百分比/%
性别	男	176	46.9	月收入	3000元以下	109	29.1
	女	199	53.1		3001~5000元	137	45.5
职业	政府、事业单位	56	14.9		5001~7000元	48	13
	工业、建筑业	36	9.6		7001~9000元	36	6.2
	服务业	57	15.2		9001元以上	45	12.1
	种、养殖业	23	6.1	年龄	18岁以下	21	5.6
	离、退休人员	40	10.7		18~25岁	101	26.9
	自由职业者	49	13.1		26~35岁	93	24.8
	学生	66	17.6		36~50岁	88	23.5
	其他职业	48	12.8		50岁以上	72	19.2

4 结果分析

4.1 促进城市基础设施建设

为了解"二青会"对山西省旅游产业的促进作用，通过调查问卷的形式测量居民对"二青会"影响的感知。通常，利克特5点式量表的得分均值为1.0~2.4表示反对，2.5~3.4表示中立，3.5~5.0表示赞同（郝文丽，2015；Tosun，2002）。如表2所示，"提高了餐饮、住宿设施的舒适便利程度""提高了出行的便利程度"以及"改善了山西省生态环境质量"三个题项的均值分别为3.55、3.86和3.91，表明受访者普遍认为"二青会"对山西省的餐饮业、住宿业、道路交通以及生态环境等基础设施的完善均起到了推动作用；而"二青会"对旅游景区建设的推动作用却不甚明显。为提升城市接待能力、改善城市风貌，在体育赛事筹备期间，赛事举办地通常会投入大量资金来兴建体育场馆（图1）、完善

图1 "二青会"主场馆——红灯笼体育馆　　　　　　　　谢桦渲/摄

城市交通网络以及住宿、餐饮等服务接待设施，改善城市生态环境，而这些基础设施的投入同样会提高城市旅游业的服务质量和接待水平，加速城市旅游支持系统的完善。

"二青会"期间，太原市新建、扩建了13个体育场馆，续建、新建城市道路桥梁工程67项，总计里程达188km，完善了汾河三期的景区广场、道路铺装、绿化种植等景观建设；此外，山西省各地积极采取一系列措施改善生态环境，如强化工业排污监管、强化扬尘污染控制、强化机动车污染管控、组织实施工业生产错峰，有效保障了"二青蓝"；为提升接待能力，改善运动员及前来观赛的游客的生活质量，政府直接或间接推动一批餐饮、住宿企业优化基础设施建设。这些基础设施的建设不仅推动了"二青会"成功举办，同时也改善了山西省文化旅游的发展条件，为文化旅游产业的高质量发展提供了更为坚实的硬件保障设施。

4.2 完善旅游产品结构

如表2所示，受访者认为"二青会"对增加城市吸引物、丰富产品形态、拓宽客源市场具有明显的促进作用，但在吸引投资、延伸产业链等方面发挥的作用依旧有限。长期以来，山西省旅游业主要依托平遥古城、五台山、云冈石窟等传统知名景区发展，旅游产品种类单一、创新力不足，但在"二青会"的推动下，太原市为迎接"二青会"新建的汾河景观大桥、西山奥申体育城郊森林公园以及长风商务区的灯光秀（图2）等均成为城市新的旅游吸引物；山西省积极传播三晋体育文化、开发体育休闲

表2 "二青会"对山西省旅游产业促进作用分析

题项设置	均值
城市基础设施建设	
"二青会"的举办，提高了餐饮、住宿设施的舒适便利程度	3.55
"二青会"的举办，推动了旅游景区的建设	3.49
"二青会"的举办，提高了出行的便利程度	3.86
"二青会"的举办，改善了山西省生态环境质量	3.91
旅游产品结构	
"二青会"的举办，增加了城市旅游吸引物	3.69
"二青会"的举办，丰富了旅游产品形态	3.66
"二青会"的举办，改善了客源结构，拓宽了客源市场	3.92
"二青会"的举办，吸引了更多企业投资，延伸了体育旅游产业链	3.47
旅游形象推广	
"二青会"的举办，提高了山西省的知名度	3.87
"二青会"的举办，促进了旅游宣传手段的创新	3.41
"二青会"的举办，展现了山西省的历史文化魅力	3.64
"二青会"的举办，展现了山西省的风土人情	3.58

产品，如通过表演和展板等形式展现忻州摔跤挠羊、太谷心意拳（心意六合拳）、临汾尧乡花鼓传统体育文化；旅行社积极开发以"二青会"为主题的忻州"跤乡之旅"、沁县"围棋之旅"、云冈"骑射之旅"等特色体育旅游线路；打造一批山西"山河"邮票、"青青"吉祥物玩偶、三晋风光台历、晋国文化冰箱贴等有地方特色的"二青会"特许纪念商品，进一步促进了体育旅游产品的深度开发，丰富了旅游产品形态。

此外，赛事举办期间共有35个代表团参赛，累计接待4.5万余名运动员、裁判员、媒体工作者等，他们不仅是赛事参与者，更是观光旅游者；同时，作为由青年运动员参与的"二青会"广受年轻人的关注，在赛中和赛后吸引了来自全国各地的新生代消费群体前来参赛、观赛、休闲度假和观光旅游，这一消费人群具有较强的消费观念，而且通过新媒体对山西省特色旅游资源进行宣传，进一步吸引了大量外地游客涌入山西，刺激了山西省的旅游消费，同时也改善了山西省长期以来游客来源较为单一的局面。

4.3 推动旅游形象推广

由表2可知，受访者普遍认为，"二青会"除对旅游营销宣传模式创新的推动作用不够明显外，在展现山西省历史文化魅力、风土人情以及提高知名度等方面都发挥着积极作用。观赏以及参与赛事并不是赛事观众以及参与者前往目的地的唯一

图2 太原长风商务区灯光秀　　　　　　　　　　　　　　　　　　　　张鹏远/摄

目的,他们同样会前往举办地的知名景区景点观赏风景、领略风情,所以在赛事举办之前,山西省政府就通过旅游精品线路专题推广活动、宣传资料定向投放和派发活动及旅游明信片、影像互动体验活动等一系列措施进行旅游宣传与推广。

此外,"二青会"在举办前的一系列赛事宣传活动以及举办过程中的赛事转播都使山西省作为旅游目的地的知名度得到提升。"二青会"是一场覆盖山西全域的体育大赛,除太原承担开、闭幕式和60%以上的比赛之外,大同、朔州、忻州、晋中、阳泉、长治、临汾、晋城、运城等地也均承办部分赛事项目。多个城市联合举办全国性体育大赛对山西各地的旅游形象推广和市场营销形成带动效应,以大同、朔州等地为代表的巍巍长城旅游形象,以忻州、临汾、运城为表征的母亲黄河悠悠文明,以长治、晋城为代表的壮丽太行美丽风光,共同构筑了山西当前主打的"长城、太行、黄河"三大旅游板块和山西省全新的旅游品牌形象。

"二青会"期间,赛事志愿者"青圪蛋"统一服饰,遍布赛事举办城市的各个角落,为赛事运动员、裁判人员、媒体工作者以及赛事观众提供热情周到的服务,志愿者们青春靓丽的形象是城市中一道亮丽的风景线(图3),同时也是山西省旅游形象的重要代言人。"青圪蛋"昵称来自于山西方言中"亲圪蛋"。以"青"取代"亲"充分展现出"二青会"志愿者很亲切、很可爱的群体形象;而且"青圪蛋"昵称充满了浓厚的山西地域风情,有助于宣传推广独特的山西文化。赛事吉祥物(图4)、主题曲、开闭幕式表演中独具特色的文艺演出,都是文化交流的重要形式,向游客传递了山西省的特色文化以及风土民情。

5 体育赛事促进地区旅游产业发展的对策建议

5.1 促进体育与旅游产业深度融合

在建设全域旅游示范区目标的推动下,山西省近年来积极推动旅

图3 "二青会"志愿者风采　　图片提供：谢桦渲　　图4 "二青会"吉祥物——"青青"　　谢桦渲/摄

游产业与相关产业融合发展，"二青会"的举办无疑为山西省体育旅游的快速发展提供了契机。为继续推进体育与旅游产业深度融合，首先，提高体育赛事举办水平，持续引进高质量体育赛事，积极申办国家级甚至国际性体育赛事的举办权，利用赛事举办前后媒体和粉丝的关注度，提高山西省的曝光度，扩大其影响力；同时，借助赛事举办的机会，提升居民的体育观念与健康意识，培育全民健身的体育文化氛围。其次，创新体育旅游产品开发，以举办体育赛事为契机，以赛事文化为核心，根据不同赛事的特点结合山西省传统体育文化，开发特色体育旅游产品，增强体育旅游产品的体验性与参与性；持续打造体育旅游专项线路，推出体育旅游节庆日，让体育旅游者参与地区特色体育项目，在观赏风景的同时体验地方传统体育文化。最后，吸引国内知名体育制造类企业在山西投资设厂，鼓励发展体育旅游中介服务，加快培育和引进推广公司、广告公司、文化传播公司等体育旅游中介公司，为山西省体育旅游产品开发、包装设计、市场推广等提供支持。

5.2 降低体育赛事的消极影响

大型体育赛事给赛事举办地带来的积极效应已经得到了学术界的广泛认可，但体育赛事同样会对赛事举办地产生一定的负面影响。第一，赛事举办前修建体育场馆、改善建设基础设施以及高昂的赛事运作成本均会加重赛事举办地的财政负担（Dolan，2019）。为避免政府承受巨额的资金压力，要吸纳社会资本，在赛事前期进行投资并参与赛事收入分红，避免政府因举办大型体育赛事而面临债务风险。第二，赛事举办期间外地游客短期内大量涌入，会产生城市市内交通拥堵、居民生活成本增加、噪声增加、环境污染加重、犯罪率提高等不良影响，为消除这些不良现象对居民的影响，政府在赛事举办期间要加强城市交通疏导、提高治安保障水平、加大对城市垃圾的处理，同时提高当地居民的赛事参与度，为居民提供更多的就业机会，从经济、文化、社会等方面对当地居民进行相应的补偿，提高居民对赛事的支持率。

5.3 重视体育赛事的后续效应

大型体育赛事结束后，后事件效应会给赛事举办地的旅游产业发展带来一定的消极影响。外地游客迅速减少，出现旅游设施供大于求的局面，大量劳动力失业、体育场馆闲置，导致旅游经济环境被破坏。为避免赛后资源浪费以及游客大量缩减，首先，应充分延续体育赛事对旅游产业的积极促进作用，在赛事结束后山西省依旧可以利用"二青会"的成功举办进行宣传，开拓抖音、快手、微博等新媒体宣传渠道；吸引体育、旅游、媒体运营等专业人才落户山西，为山西省体育赛事运营、体育旅游发展提供智力支持。其次，应提高为赛事新建基础设施的利用率，吸引各类企业在"青运村"落户，将"青运村"打造成集休闲、娱乐、住宅功能于一体的高档小区；对体育场馆进行改造，使其成为赛后体育竞技表演和群众性健身活动的主要场所，并将部分体育场馆打造成集会展、商务、娱乐功能于一体的多功能体；将红灯笼体育场等"二青会"主要场馆打造成当地的地标性建筑，成为吸引游客眼球的重要筹码。

6 结论

本文以"二青会"为例，对体育赛事对举办地旅游产业的促进作用进行了研究，得出以下结论：

首先，"二青会"的举办有效促进了山西省旅游基础设施的改善，为保障赛事顺利进行，山西省投入大量资金改善道路交通，促进餐饮、住宿等服务设施质量提升，采取一系列措施美化市容市貌、改善生态环境，为旅游产业的发展提供了物质基础和保障。

其次，"二青会"举办优化了山西省旅游产品结构，为迎接赛事新建的体育场馆和城市景观均成为新的旅游吸引物；以体育赛事为契机开发的体育旅游产品丰富了山西省旅游产品的形态，改善了山西省旅游产品单一的局面；赛事期间吸引了众多省内外游客前来参赛和旅游，使山西省的游客量激增，拓宽了客源市场、改善了客源结构。

再次，"二青会"的举办促进了山西省旅游形象的推广，各种新闻媒体在赛事前以及赛事运行过程中的宣传报道，提高了赛事举办地的知名度；举办地在赛事期间推出的旅游产品以及赛事举办地居民的广泛参与均向受访者展现了山西省的历史文化魅力和浓厚的风土人情。

未来，应该持续促进山西省体育与旅游产业深度融合，积极引进高水平体育赛事，创新体育旅游产品开发，壮大体育旅游市场主体；应降低体育赛事的消极效应，在赛事运营过程中吸纳社会资本，在赛事举行期间加强社会治理、提高当地居民的参与度；要充分发挥体育赛事对地区旅游产业的促进作用，重视体育赛事的后续效应，避免赛事结束后出现资源浪费的情况，同时在赛后也要充分利用赛事的余热对旅游目的地进行宣传。

项目资助

本文受教育部人文社会科学基金项目（20YJC890050）、山西省体育局科研课题（19TY126）、山西省高校哲学社会科学研究项目（201803077）资助。

参考文献

陈玉萍，刘嘉毅，2016.大型体育赛事对城市旅游的影响及对策研究：以南京青奥会为例[J].山东体育科技，38(03)：15-19.

郝文丽，2015."七城会"对南昌市旅游形象的影响：基于游客感知的视角[J].江西科学，33(01)：133-137，142.

胡海涛，2011.以悉尼、北京奥运会为例看体育赛事产业对城市竞争力的影响[J].四川体育科学(03)：5-9.

黄海燕，康逸琨，2018.体育赛事与城市形象契合对观众满意度和重游意向的影响[J].中国体育科技，54(04)：12-20.

黄海燕，2015.体育赛事对城市旅游业的影响：一个居民视角的结构方程模型[J].武汉体育学院学报，49(1)：36-43.

黎珍，2018.大型体育赛事对城市的影响研究：以2017年南宁"中国杯"国际足球锦标赛为例[J].运动精品，37(09)：42-43，45.

李超，吴志敏，付贵阳，2019.大型体育赛事对河北省城市形象影响研究[J].广州体育学院学报，39(02)：68-70.

李佳，2019.大型体育赛事的经济效应分析及其优化策略：以第十三届全运会为例[J].沈阳体育学院学报，38(03)：83-88.

李学东，白银龙，2015.我国大型综合体育赛事经济效益分析[J].体育文化导刊(05)：131-134.

刘东锋，2011.谢菲尔德市利用大型体育赛事塑造城市形象的战略及启示[J].上海体育学院学报，35(01)：30-33.

任海, 2006. 论奥运会对举办城市和国家的影响[J]. 体育与科学 (01): 4-6.

阮威, 2018. 大型体育赛事对城市体育旅游产业发展影响研究: 以南京市为例[J]. 体育科技, 39(04): 87-88, 91.

田静, 徐成立, 2012. 大型体育赛事对城市发展的影响机制[J]. 北京体育大学学报, 35(12): 7-11.

张翠芳, 杜文锋, 2018. 武汉马拉松赛事对提升文化软实力与国际化水平影响力研究[J]. 当代体育科技, 8(24): 218-219.

周晓丽, 马小明, 2017. 国际体育赛事对举办城市旅游经济影响实证分析[J]. 经济问题探索(09): 38-45.

卓明川, 林晓, 2015. 大型体育赛事对城市经济竞争力的影响:以广州亚运会为例[J]. 体育科技文献通报, 23(10): 96-97.

BEERLI A, MARTIN J D, 2004. Factors influencing destination image[J]. Annals of tourism research, 31(3): 657-681.

BURNET F, 2012. An economic analysis of the Barcelona' 92 Olympic Games: resource, financing and impact[EB/OL]. [2012-06-30]. http://olympicdtudies.uab.es/pdf/wp030 eng.pdf.

BRITTAIN I, BOCARRO J N, BYERS T, et al.,2018. Legacies and mega events: fact or fairy tales?[M]. London: Routledge.

DOLAN P, KAVETSOS, G, KREKEL C, 2019. Quantifying the intangible impact of the Olympics using subjective well-being data[J]. Journal of public economics, 177.

LEE C K, TAYLOR T, LEE Y K, et al., 2008. The impact of a sport mega-event on destination image: the case of the 2020 FIFA World Cup Korea/Japan[J]. International journal of hospitality & tourism administration, 6(3): 27-45.

PATRIZIA Z, ELENA R, 2009. Do major sports events enhance tourism destinations? [J]. Physical culture and sport. Studies and research, 47(1): 44-63.

PRAYAG G, HOSANY S, NUNKOO R, et al., 2013. London residents' support for the 2012 Olympic Games: the mediating effect of overall attitude[J]. Tourism management, 36: 629-640.

SONG W, 2010. Impacts of Olympics on exports and tourism[J]. Journal of economic development, 35(4): 93.

帆船运动与旅游目的地国际营销：
以克利伯环球帆船赛为例
Sailing and International Marketing for Tourism Destination: A Case Study of Clipper Round the World Yacht Race

文 / 张帅 赵宽 韩琳琳 罗南

【摘　要】

帆船运动作为国际上非常成熟的竞技体育赛事形式之一，体现了深厚的航海文化传承，美洲杯、沃尔沃等全球顶级帆船赛事在全球范围内都拥有相当高的知名度，并逐渐朝更加专业化和商业化的方向深入发展。近年来，帆船运动更是与旅游产业发展进行了相当深度的融合，各大帆船赛事由于其全球化传播和本地化举办的双重特色，逐渐成为滨海旅游目的地城市进行国际营销推广的重要载体，对于城市知名度、美誉度及国际影响力往往能起到相对独特的提升作用。本文以克利伯环球帆船赛为例，深入分析了帆船运动对旅游目的地国际营销的促进作用。研究表明，帆船运动因其天然的包容和国际化特性，是旅游目的地国际营销的良好载体。

【关键词】

帆船运动；旅游目的地；国际营销；克利伯环球帆船赛

【作者简介】

张　帅　通讯作者，海南热带海洋学院人文社会科学院讲师，中国传媒大学传播学博士
赵　宽　中国旅游研究院博士后，新西兰怀卡托大学旅游管理博士
韩琳琳　海南热带海洋学院旅游管理专业硕士研究生
罗　南　海南热带海洋学院旅游管理专业硕士研究生

帆船运动作为一种成熟的体育运动形式已经在全球风靡了超过百年，也是国际上相当重要和成熟的海洋旅游载体，但直到2008年北京奥运会之后，才越来越受到国内大众的关注和参与（岳衡，2017），近几年来，也逐渐从一种专业的体育竞技形式逐渐成为被大众所关注的休闲度假产品。截至目前，中国几乎举办过所有全球知名的大型帆船赛事，各类自主举办的帆船赛事也层出不穷，为帆船文化和参与人群在国内的培养奠定了重要基础，基于帆船运动所开发的旅游产品更是多种多样，且深受游客欢迎。尤其是在深圳、青岛、三亚、厦门等滨海旅游城市，帆船运动更是成为旅游目的地国际营销的重要内容和产品形式（韩晶，2012）。本文依托国内外实践情况，从对帆船运动的基本介绍入手，阐释了帆船运动与旅游业的深入结合，并以克利伯环球帆船赛为例重点阐释了帆船运动对推动旅游目的地国际营销的积极作用。

1 帆船运动概况

1.1 帆船

从基本属性来说，帆船是一种借助风力在水上航行的交通工具，最早的帆船可追溯至公元前4000年左右。由古埃及制造的"加莱"（galley）帆船是西方帆船的雏形，航行于尼罗河和地中海将近3000年。我国有文字记载的帆船历史最早可至公元前200年左右，15世纪初期，郑和七次下西洋到达亚非30多个国家，所使用的正是帆船。1846至1848年期间，贩运茶叶的中国商业帆船"耆英号"，从香港出发，经好望角及美国东岸到达英国，创下中国帆船航海最远纪录（王务崇，2014）。

纵观历史，帆船在世界文明进程中起到了重要作用，是人类拓展生存空间、传播现代文明和探索未知世界最重要的交通形式之一（郭晓勇，2006）。目前，帆船已基本退出了大型船只的行列，几乎已不再以交通工具的形式存在，其竞技、运动与休闲的属性却越发突出，已成为一项在全球范围内广为流行的体育项目，以及一种人类旅游休闲的重要形式。

1.2 帆船运动

帆船运动是风、水、人、船的完美结合，涉及天文地理、海洋气象、运动竞技等多个领域，是集竞技、休闲、观赏于一体的水上运动项目（图1）。帆船既是竞技体育，又是休闲体育，具有相当强的包容性（刘淑婷，2009）。

图1 克利伯环球帆船赛——船队驶过三亚凤凰岛　　　明浩/摄

同帆船的历史一样，帆船运动的历史一样深厚，古罗马诗人维吉尔的叙事诗《伊尼特》便记载了特洛伊至意大利的一次帆船竞赛活动，其中详细描述了优胜者和参与者的获奖情况。英国国王查理二世于1662年举办了英国与荷兰之间的帆船比赛，这是目前记录的规模较大的早期帆船比赛。到了18世纪，欧美各类帆船俱乐部和帆船协会大量出现，帆船运动开始在西方广为流行，1896年首届现代奥林匹克运动会便将帆船列为正式比赛项目，一直延续至今。

2 帆船运动的属性

2.1 挑战性和竞争性

帆船运动既具有一般竞技性体育运动的共同属性，又拥有超过一般体育运动的挑战性，运动员在竞赛中需要面临来自自身、对手和自然的三重挑战。李全海（2008）认为，在帆船运动中，"风的利用是根本，体能是基础，航线是关键，速度是核心，心智是保障"。首先，在紧张、激烈和充满风险的航行比赛过程中，运动员在克服生理、心理障碍和供给受限的同时，还要保障自身安全才能完成比赛。其次，帆船一般航行于海面之上，海洋物理变化的不确定性，要求运动员在风力风向变化（姚新培，2011）、海流海浪监测、操作人员配置以及船只修缮维护等方面做到全方位把控，对运动员内在心智水平和外在竞技能力两个维度提出了高标准要求，具有极大的难度（廉梦琦，2013）。

2.2 观赏性和休闲性

帆船运动具有极强的观赏属性，蔚蓝的海面上，千帆掠过，往往能成为海边的一道美景。专业的帆船比赛，尤其如美洲杯、世锦赛等近岸赛，各参赛帆船你争我抢，堪称速度与激情的完美呈现，加之参赛主体都会对帆船船体进行色彩炫目的包装设计，进一步增加了帆船运动的观赏性。同时，大型帆船赛事的启航仪式往往会吸引成千上万的帆船爱好者围观，如悉尼至霍巴特帆船赛的启航仪式每年都能够吸引多达15万的现场观众；沃尔沃帆船赛2011—2012赛季在青岛停靠的两周时间里，现场观众量就达到了40万人次，接待全球记者超过400名（韩晶，2012）。而从休闲属性来看，帆船往往与碧海晴天、椰风海韵和美好心情结合起来，人们驾驶帆船的同时，还可以和家人朋友在船上享受轻松愉悦的休闲氛围和度假时光，对于恢复身心健康、保持生活热情具有重要的激励作用。

2.3 开放性和国际性

自古以来，帆船便是国际交往的重要交通工具，人类文明的传播和帆船有着密不可分的关系，而在此基础上诞生的帆船运动生来便具有浓厚的国际化基因，参加帆船运动可以使不同国家和地域的人们得到很好的连接与融合。大型帆船赛事往往在全球范围内进行分站比赛，尤其是环球类帆船赛事。比如说，一次沃尔沃环球帆船赛通常历时9个月，跨越三大洋、五大洲的多个国家和城市（韩晶，2012），而克利伯环球帆船赛的一个赛季更是历时长达11个月，往往能够串联全球十数余个停靠城市，除了完成赛事任务之外，还能促进国与国、城与城之间的友好合作和交流，甚至同一参赛队伍就可能由来自全球各地不同国籍的参赛选手组成，在共同完成比赛的同时促进了文化交流与传播，具有极强的开放属性。

3 帆船运动与帆船旅游在中国的发展与影响

在国际上，帆船运动与旅游业的结合早已有之，国际上主要港口城市如迈阿密、巴哈马、奥克兰、悉尼等早就开展了基于帆船出海巡游、海钓、休闲比赛、营地教育等诸多旅游活动，因为其极强的休闲度假属性，一直受到游客们的欢迎。在国内，由于帆船购买和码头建造运营成本居高不下，帆船旅游项目往往价格高昂，一直以来都被贴上了贵族运动的标签。但是近年来，随着各项成本普遍降低，帆船运动的普及程度在国内得到了巨大的提升。

就现状而言，国内各大滨海旅游城市，如上海、青岛、厦门、宁波、海口、三亚等都通过举办各种类型不同级别的帆船赛事来深入加强帆船运动和旅游业的融合（何金，2008），甚至连一些内陆湖泊所在地，如新疆博斯腾湖、江苏太湖等也都在积极承办各类帆船赛事，并基于此打造多样化的帆船旅游产品，2018年首次举办的中国家庭帆船赛便是"帆船+旅游"的典型案例。随着市场竞争日益激烈，目前国内各类帆船旅游产品、打包套餐层出不穷，价格也不断降低，帆船旅游可以说已经逐渐成为一种大众化旅游产品（陈濛，2014），对于旅游目的地发展的促进作用也日益明显。

3.1 提升旅游目的地国际知名度

持续并高水准地开展帆船运动，对于旅游目的地国际知名度的影响是非常巨大的，青岛就是绝佳的案例。2008年北京奥运会期间，青岛是帆船类赛事的举办地，在奥帆赛举办期间，青岛在成功承办赛事的同时，还积极利用奥运会一流的品牌效应和推广契机，借助专业的媒体报道、互联网营销等传播策略，成功打造"帆船之都"的城市品牌形象，极大提升了其国际知名度和美誉度，一举便进入了国际知名帆船运动城市的行列（陈燕妮，2019）。在后奥运时代，青岛充分利用奥帆赛场地，将竞赛场地改造为帆船旅游的承载平台，吸引了全球范围内的帆船爱好者前来旅游体验，为青岛旅游业带来新的经济增长点，是帆船运动促进城市发展的典型范例。近年来，帆船运动在宁波开始崭露头角，成为城市新的国际名片。2017年1月，中国宁波一号帆船队成功组建，并在多项国际大赛中斩获桂冠，迅速提升了宁波在国际航海圈中的影响力。

3.2 丰富旅游产品供给侧

旅游需求的不断扩大，旅游行业朝更深程度发展，往往体现在旅游产品供给侧的不断丰富。在国外沿海旅游发达国家，帆船旅游产品往往是其旅游供给和营销推广的重要部分。以奥克兰这个新西兰最大的滨海旅游城市为例，其拥有世界上最多的帆船，素有"千帆之都"的美誉，并曾在2000年和2003年成功举办过两届美洲杯帆船赛（凌平，2007）。但奥克兰并没有止步于赛事的成功举办，而是深挖赛事影响力，开发了名为"美洲杯帆船体验"的特色旅游产品，来自世界各地的游客登上美洲杯冠军帆船，组成临时赛队，深度体验升帆、掌舵、换边等帆船驾驶技巧，并按照美洲杯的比赛线路航行，以体验帆船运动的魅力。该项产品一经推出，便深受各国游客的欢迎，由于座位有限，往往需要提前预订，中国游客在前往新西兰旅游之前，甚至可以通过淘宝等网络平台进行预购，其受欢迎程度可见一斑。

3.3 培养海洋旅游人才

随着"海洋强国"战略、"一带一路"倡议等的颁布，海洋旅游也成为人们关注的重点。帆船旅游作为海洋旅游的一个重要分支，具有广泛的发展前景，但在国内仍处在发展的起步阶段，无论是文化氛围、产业体量、受众规模还是人才梯队都存在较大的发展空间。尤其就现阶段国内的人才结构来看，海洋旅游人才尚存在明显且广泛的缺口，涵盖了维护保养、管理服务、培训教育等人才领域（申思丛，2019）。现有人才无论从教育背景、专业化程度、国际化视野等方面都还存在较大的提升空间，而且国内相关高校的专业教育无论在专业设置、招生规模、国际化办学水平、行业衔接等方面尚不能与行业需求相匹配（唐纪平，2014），这也是目前国内帆船旅游行业存在的明显短板和痛点，还需要较长时间进行培育。

通过大力发展帆船旅游行业，激发游客的消费兴趣和热度，反向可以刺激行业发展，进而可以增加帆船旅游行业对人才的吸引力，为行业人才的发展提供更具前景的成长空间，从而助力我国海洋旅游人才的培育与壮大（李明，2014）。

4 帆船运动与旅游目的地国际营销

同任何一项大型国际体育赛事一样，帆船运动，尤其是知名的帆船运动赛事，都能够积极助力举办城市的国际知名度和美誉度提升。但是，相比常规的体育赛事，除了共同之处，帆船赛事，尤其是全球性赛事在旅游目的地国际营销提升上又有独特的优点（倪虹，2009）。

共同之处在于，就像举办任何一种大型国际赛事一样，一座城市可以通过举办帆船赛事来吸引全球的帆船爱好者前来观赛和旅游观光，通过专业的媒体报道和营销推广，能够在短时间内极大提高该城市的国际知名度。对于旅游目的地城市来说，这也是借助赛事来进行国际营销的常用手段。其劣势在于由于赛事举办时间往往只有几天，宣传热度具有相对暂时性，持续性较差，奥运会帆船赛、帆船世锦赛等在一地举办的帆船赛事便属于这种类型。

然而，环球航行类的帆船赛事，如沃尔沃环球帆船赛、克利伯环球帆船赛等由于其超长的办赛周期（11个月左右）、商业化的运作机制和全球站点联动等优势，就有效突破了传统体育赛事对举办城市国际形象推广作用的局限。比如说，青岛市自

2005年以来，不但每年都利用克利伯环球帆船赛主办港城市身份，吸引全球各地的克利伯爱好者前来观赛、旅游，更是连续12届都冠名赞助了"青岛号"赛船，在每个赛季长达11个月的时间内，在国际上十余个经停城市都进行了相关的旅游推广和媒体报道，在全球范围内对青岛的城市形象和旅游资源进行了相当有深度和广度的推介，充分展示了环球类帆船赛事在旅游城市国际营销领域的独有优势（倪虹，2009）。

4.1 克利伯环球帆船赛：旅游目的地国际营销典型范例

克利伯环球帆船赛于1996年由全球单人不间断环球航海第一人、英国人罗宾·诺克斯·约翰斯顿爵士创立，是国际上规模最大的业余环球航海赛事（庄晓蓉，2010）。赛事航程长达4万海里（74080km），路线遍布六大洲，经停全球十余个城市。克利伯环球帆船赛每两年举办一届，每届持续11个月，参赛水手可以选择部分赛段或环球航行，举办20多年以来，影响受众近15亿人次。克利伯参赛船只往往以旅游目的地城市或者知名品牌来冠名，如"伦敦号""西雅图号""三亚号""佳明号""联合国儿童基金会号""纳斯达克号"等。每个经停城市都会举办欢迎仪式、颁奖仪式、起航仪式、商务社交、旅游推介等活动，在赛事村里也会搭建展区，对当地特色的旅游资源和城市文化进行展示和宣传，并开展船队巡游、出海体验等活动，吸引游客和当地居民前来体验和参观。

经过超过20年的成功运营，克利伯环球帆船赛已经成为世界上最著名的环球航海赛事之一（韩海燕，2019），和沃尔沃环球帆船赛并驾齐驱。相比其他依靠品牌赞助，主要吸引专业选手参加的商业类帆船比赛，克利伯环球帆船赛成功的关键在于其面向全球航海爱好者进行船员招募，以及采用分段式销售赛位的开放式经营模式，参赛水手无需任何航海经验便可实现自己环球航海的梦想。克利伯环球帆船赛很好地兼顾了帆船赛事的挑战性和竞技性，同时精心进行了品牌和商业推广功能的强化。从它的独特定位来看，帆船已不再是一种交通工具，而是传播旅游目的地形象、彰显城市品牌、提升城市国际化知名度的重要平台。

作为国内最为领先的帆船运动城市，青岛从2005年便开始承办克利伯环球帆船赛，并冠名赞助了"青岛号"帆船，跟随克利伯赛队在全球航行已超过10年。2017、2018年三亚和珠海也先后加入克利伯环球帆船赛的阵营，值得注意的是，"三亚号"首次参赛便夺得克利伯环球帆船赛2017-18赛季的全球总冠军，不到一年的时间里，三亚在全球航海爱好者群体中声名鹊起，一举跻身全球知名帆船运动城市之行列。

4.2 案例分析

克利伯环球帆船赛运营至今已24年，与全球众多知名旅游目的地城市都有过包括冠名赞助、停靠赞助、活动联合举办等在内的众多合作。各个国家和城市通过承办克利伯环球帆船赛，不仅刺激了当地旅游业的发展，同时提高了其国际知名度和美誉度。本文选举青岛和三亚两个国内城市的经验来作为例证。

4.2.1 青岛经验

青岛被誉为中国的"帆船之都"，是我国帆船运动的发源地，其现代帆船运动历史可追溯至1904年（思源，2008）。1981年青岛举办了我国首个帆船赛事。2005年青岛首度与克利伯环球帆船赛合作，船员郭川登上唯一代表中国城市的"青岛号"参加比赛，并以此为个人航海生涯的重要起点，最终成为中国单人不间断环球航海第一人（马桂山，2013）。中国首名女子环球航海家宋坤也是依托"青岛号"创造了自己的环球航海成绩。"青岛号"在14年时间里，共航行28万海里（518560km），在全球范围内有效地提升了青岛作为旅游目的地城市的国际知名度。除了开展基于全球各经停站的推广活动之外，青岛还精心打造克利伯青岛站的旅游推介活动，最终使青岛赢得"最具特色停靠站"的美誉。据英国的凯度媒体2018年统计，仅2017-18赛季期间，青岛号就收获了18亿人次的全球媒体关注度。"青岛号"大帆船代表青岛跨越六大洲，途经英国伦敦、巴西里约热内卢、南非开普敦、澳大利亚悉尼、美国西雅图和纽约等各大知名城市，利用赛事的焦点效应对"帆船之都"的旅游资源和城市形象进行了很好的展示和推广。

十余年来，克利伯环球帆船赛吸引了数以千计的船员、帆船运动爱好者以及赞助商涌入青岛，促成多个商业合作项目在青岛落地，有效丰富了青岛旅游产品供给（宋蕾娜，2007），使克利伯青岛站成为青岛冬季重要的旅游产品。同时，以克利伯环球帆船赛为契机，青岛巧妙地切入了"海上丝绸之路"倡议，把帆船作为和平使者，与世界多地建立友谊关系，扩宽国际合作空间，有效提升了城市的国际知名度和影响力。

4.2.2 三亚经验

三亚是中国知名的热带滨海旅游城市，近年来又被列入海上丝绸之路战略支点城市，拥有一流的海岸资源和码头设施，在发展海洋旅游方面具有得天独厚的优势（黄丽华，2015），但相对于青岛、深圳等发达城市，在帆船运动领域切入时间相对较晚，人才基础比较薄弱。近年来，三亚开始以承办包括沃尔沃环球帆船赛、帆船世锦赛、克利伯环球帆船赛、环海南岛大帆船赛、司南杯等在内的国内外大型帆船运动赛事为契机，高起点切入帆船旅游领域，在相对较短的时间内实现了旅游目的地国际知名度的迅速提升（孟汉尧，2017）。

三亚于2017年正式成为克利伯环球帆船赛2017-18和2019-20两个赛季的赛船冠名赞助城市和主办港，经过历时11个月横跨五大洲四大洋的艰苦航行（图2、图3），"三亚号"创下了首次参赛便全球夺冠的纪录。由于整个赛事期间"三亚号"帆船都保持了相当领先的地位，因此也获得了全球相关知名媒体的长时间密集报道，城市代表也频频亮相于各经停城市的相关主题活动中，旅游目的地形象得到了相当程度的提升和快速传播，相比常规的旅游目的地国际营销方式有着相对较高的效费比。

从具体营销手段而言，三亚市依托赛事航线在全球精选客源地城市依次开展了包括利物浦站（图4）、悉尼站、纽约站等在内的三亚旅游国际营销活动，充分利用"三亚号"经停站点进行宣传促销，力图实现最佳营销效果。比如说，2017年恰逢中澳旅游年，三亚以克利伯环球帆船赛为桥梁，借助中澳旅游年这一重要契机，与悉尼这一南半球最大城市扩大和深化在旅游、航海、人文等领域的广泛交流与合作，当地媒体也以"航海使三亚在澳大利亚家

图2 克利伯"三亚号"帆船驶过自由女神像 赵宽/摄

图3 克利伯"三亚号"帆船驶过悉尼歌剧院 赵宽/摄

图4 克利伯利物浦站三亚旅游营销展位　　赵宽/摄

喻户晓"为题进行深入报道,推广效果可见一斑。据第三方媒体监测机构统计,在整个赛季中,国际媒体转载、发布"三亚号"新闻累计近3000条,覆盖全球各国重量级媒体,传播效果非常出色。

由此可见,三亚以"借船出海,扬帆远航"为旅游目的地国际营销基本思路,通过参加克利伯环球帆船赛让越来越多的国际游客认识三亚、了解三亚,成为吸引世界目光、宣传城市乃至国家形象的有力措施。

在推进海南自由贸易试验区和中国特色自由贸易港建设的新时代背景下,三亚正处在拓展旅游消费发展空间的关键时期,借助克利伯环球帆船赛这一国际高端赛事,三亚不但成功开展旅游目的地国际营销活动,在此基础上还培育了旅游消费的新业态,在相当程度上丰富了当地旅游产品供给。

5 结语

在过去的一百多年间,现代帆船运动从过去富有阶层的特权运动正逐渐向被大众接受的休闲运动转变,它跨越了地域上的界限,不仅推动了各地区和国家间的互动,促进了民族间的文化交流,同时也体现了人们挑战自我、征服自然的拼搏精神。帆船运动以其特有的包容性和国际化成为旅游目的地进行国际营销推广的有效途径。

旅游目的地借助帆船运动开展国际营销,相对来说是一条便捷快速的通道,具有诸多常规国际营销手段所不具备的独特优势。本文以克利伯环球帆船赛为典型案例,结合青岛和三亚的成功经验进行了深入分析。但需要冷静看到的是,目前国内所参与或者主办过的大型国际帆船赛事的资金来源基本上都是以政府出资为主、企业赞助为辅甚至完全依靠政府出资的模式,市场化程度相比发达国家较低,从实践来看,目的地旅游行业积极性和大众关注度相对偏低,这与专业化目的地营销机构(DMO)设置缺失导致的协调能力有限、企业参与必要性不足等有一定关系,同时也与国内受由政府主导的旅游目的地发展模式的限制有关。随着国内旅游目的地城市营销模式的不断演进,如三亚就成立了企业化管理的旅游推广局,上述状况相信未来会得到一定程度的改善。

除了常规做法之外,具备开展帆船运动条件的旅游目的地也可以尝试从如下方面推动帆船运动与旅游结合,为更好地依托帆船旅游进行目的地营销夯实基础:首先,大力发展帆船营地教育,将研学旅游的优势理念和传统帆船训练结合起来,为国内帆船运动发展积累更广泛的社会基础;其次,借鉴奥克兰美洲杯帆船体验等典型项目,深入研发品牌性和体验互动性更强的深度帆船体验项目,来补充目前以休闲观光为主要内容的现有帆船旅游产品,从而吸引更加多元化的客群;最后,对于滨海旅游城市,建议在日常学校教育中积极推广帆船相关的必修课或选修课,从学生时代就开始向青少年灌输航海意识和基础的航海技能,为行业发展和"海洋强国"培养更多兴趣人群和潜在人才,在这方面,国内城市如青岛和三亚均已经开始了积极的尝试,但是相比西方航海发达城市或地区如朴次茅斯、怀特岛、悉尼等,涵盖范围还很有限,需要更大力度的推广。

项目资助

本文系2018年度海南省社科联项目"三亚城市形象的国际化传播策略研究——以国际大型帆船赛事为例"[项目编号：HNSK(YB)18-65]的研究成果之一。

参考文献

陈濛, 2014. 我国竞技帆船帆板运动现状与发展对策的研究[D]. 北京: 北京体育大学.

陈燕妮, 2019. 大型体育赛事对举办地城市品牌营销的影响研究[D]. 北京: 首都体育学院.

郭晓勇, 2006. 郑和下西洋的影响及其中断原因[D]. 武汉: 华中师范大学.

韩海燕, 袁华强, 2019. 克利伯2019—2020帆船赛"青岛号"船体贴图惊艳亮相[J]. 走向世界(16): 65.

韩晶, 2012. 沃尔沃环球帆船赛中国站营销策略研究[D]. 北京: 北京体育大学.

黄丽华, 邢淑慧, 2015. 关于如何发挥三亚作为海上丝绸之路作用的思考[J]. 全国商情(经济理论研究) (12): 29-31.

何金, 2008. 江苏省帆船帆板运动后备人才培养的现状与发展对策[D]. 南京: 南京师范大学.

凌平, 2007. 扬帆美洲杯[J]. 经营者 (10): 20-21.

廉梦琦, 2013. 我国帆船运动员人才培养方式的研究[D]. 北京: 北京体育大学.

刘淑婷, 2009. 2008奥帆赛对青岛旅游业的影响研究[D]. 上海: 华东师范大学.

马桂山, 王磊, 贾国富, 等, 2013. 追逐梦想, 航海家郭川孤帆激浪八万里[J]. 中国海事(05): 73-75.

孟汉尧, 2017. 三亚海事局辖区游艇海事安全管理研究[D]. 海口: 海南大学.

倪虹, 2009. 奥帆赛对青岛旅游的拉动效应研究[D]. 青岛: 青岛大学.

宋蕾娜, 2007. 奥运经济对青岛旅游业的影响及启示[D]. 青岛: 中国海洋大学.

思源, 李华昌, 2008. 为什么是青岛[J]. 海洋世界(08): 12-23.

申思丛, 2019. 海南高校海洋旅游人才培养模式研究[D]. 三亚: 海南热带海洋学院.

唐纪平, 2014. 海南高校旅游人才培养模式研究[D]. 海口: 海南大学.

王务崇, 2014. 我国大帆船运动开展现状的调查研究[D]. 青岛: 中国海洋大学.

岳衡, 2017. 帆船运动与沿海城市品质的互动发展关系研究[D]. 厦门: 厦门大学.

姚新培, 刘峥, 2011. 帆船运动文化初探[J]. 体育文化导刊(04): 74-78.

庄晓蓉, 王勇森, 2010. 罗宾·诺克斯·约翰斯顿爵士: 克利伯之父的航海传奇[J]. 走向世界 (08): 22-23.

郑伟涛, 李全海, 马勇, 等, 2008. 帆船帆板运动项目特征与制胜规律初探[J]. 武汉体育学院学报(06): 44-47, 60.

冬季赛驼

目的地体育旅游发展
Sport Tourism Development in Destinations

李鑫泽　李兆进　刘　倩　　中国如何借鉴国外体育小镇经验：以新西兰皇后镇为例

　　　　　　　殷俊海　　内蒙古体育旅游产业融合发展研究

　　　　　　　黄国扬　　台湾地区运动旅游现况发展之初探

　　　刘博识　刘　爽　　沈阳棋盘山风景区体育旅游综合体发展战略研究

白成祥/摄

中国如何借鉴国外体育小镇经验：以新西兰皇后镇为例

Learn from Queenstown on Sport Town Development: An Empirical Study

文 / 李鑫泽　李兆进　刘 倩

【摘　要】

我国2022年冬奥会申办成功以来，冰雪体育产业蓬勃发展，成为我国体育特色小镇发展进程中一颗璀璨的明珠，对中国的经济快速增长和全民健身发挥了重要的作用。本文采用文献资料法、数理统计法、案例对比等研究方法，从政府层面、地理区位、资源开发角度对新西兰皇后镇的发展模式进行分析。结合我国体育特色小镇以自然资源为基础、社会发展为前提、政府扶持为保障的发展特点，认为实现我国体育特色小镇的蓬勃发展需要产业融合，科技创新，完善休闲产业配套系统；行政联合，完善机制，建全体育产业规范标准；资源聚集，科学规划，挖掘"本土特色"文化软资源；地域结合，优势互补，提升"以人为本"核心竞争力。

【关键词】

冰雪产业；体育小镇；新西兰皇后镇

【作者简介】

李鑫泽　曲阜师范大学体育科学学院硕士研究生

李兆进　通讯作者，曲阜师范大学副教授

刘　倩　鹊华中学教师

改革开放后，中国城镇化发展重点由"小城镇化"模式过渡到"大、中、小城镇协调发展"模式，体育特色小镇在协调发展中应运而生，它作为特色产业、地域文化、配套完善的综合体，为中国城镇化发展提供了一种可持续创新的产业组织形态。建设体育特色小镇，既是推动体育产业改革、加快地区经济发展的需要，也是促进全民健身事业发展和"一带一路"建设的重要探索，对推动"大、中、小城镇协调发展"有着重要作用。本文对新西兰皇后镇建设案例进行深入剖析，总结梳理新西兰皇后镇产业发展模式，为我国体育特色小镇建设提供经验借鉴。

1 新西兰皇后镇产业模式分析

1.1 新西兰皇后镇概况

新西兰皇后镇凭借优越的地理环境和得天独厚的自然环境深受探险者和登山爱好者的青睐，一度成为世界著名的"探险之都"。小镇仅有18000人，人口相对稀少，多数地区自然原貌保存完好，这对新西兰皇后镇的发展至关重要。新西兰皇后镇是由"淘金热"而聚集起来的自然群落，长期发展中，当地政府购买"淘金热"时期人们遗留下来的居所进行招商、规划，吸引外来企业进行基础设施建设，与知名旅游度假企业洽谈合作。经过70年的发展，新西兰皇后镇已建成以"市场为导向"适合不同人群进行休闲、旅游、度假的体育特色小镇（图1）。

新西兰皇后镇凭借滑雪、蹦极、高空跳伞、攀岩等特色旅游项目，吸引了大量的儿童和成年游客，每年接待近200万人次的国外游客，带动了旅游服务产业以及其他服务产业的发展。旅游服务产业已成为新西兰发展的支柱产业之一。

1.2 皇后镇发展模式分析

1.2.1 政府管理层面

（1）"新政府式"管理体制改革

新西兰成立较晚，是一个新兴的国家。1990年前后，新西兰政府完成了"新政府模式"改革，政府通过拆分部门职权，替换传统的

图1 新西兰皇后镇　　王琪/摄

管理体系，设置完整的绩效考核体系，建立有明确的责权分工和相对自主管理权的新型公共管理模式。1999年新西兰政府深化改革管理体制，解决"泛滥主义"现象，实现"整体政府"模式，从此政府便有了土地规划和资源调配的自主权，为新西兰皇后镇的建设奠定了强有力的政策后盾。

(2)"调控式"可持续发展策略

随着资本市场的打开，新西兰皇后镇开始被资本家所关注，政府为了避免资源过度开发，将对自然破坏力较大、环境影响较差、业绩不佳的项目进行整改或拆除，带来高收益、高就业的项目，政府采用入股、赞助形式扶持项目发展。项目发展阶段，政府、企业两者之间相互监督，在资源不被过度开发的基础上，对地区资源进行多角度、多方位的开发。新西兰皇后镇体育特色产业开展以来，当地政府一直秉承可持续发展原则，由最初的极限旅游项目发展到以极限运动和风光旅游为品牌，适用于不同年龄阶段、不同运动水平的游客参与的体育运动项目。

1.2.2 自然地理条件

新西兰皇后镇处于南半球高纬度地区，位于新西兰南岛南阿尔卑斯山脉高于海平面310m的瓦卡蒂普湖旁。新西兰皇后镇一年四季分明，夏季景色美丽而富有激情，冬季白雪皑皑，寒冷而漫长，因其多变的地理景观被誉为"活地理教室"。新西兰皇后镇所处的南阿尔卑斯山南段，山体陡峭，山顶冰川覆盖，是进行攀山、漂流、冰川徒步（图2）等项目的绝佳地点。冬季，冰雪覆盖整个新西兰皇后镇，周边的山体形成四处天然的滑雪场。瓦卡蒂普湖湖面开阔，可以进行水上飞机、摩托艇比赛等项目。离新西兰皇后镇不远的卡瓦劳大桥，是世界商业蹦极的发源地，已经成为全世界蹦极爱好者的神圣之地。新西兰皇后镇凭借着复杂多变的地理条件，成为具有200多个综合性户外运动项目的"探险之都"。

1.2.3 资源开发

(1)冰雪场地开发

作为世界顶级的滑雪圣地，新西兰皇后镇冬季开设有卓越山滑雪场、皇冠峰滑雪场、卡德罗纳滑雪场、三锥山滑雪场等中高端的滑雪场。除此之外，冰雪农场是新西兰唯一的商业越野滑雪场，内设50km专门修整的滑道和日间、夜间滑雪区，

图2 新西兰皇后镇北部冰川徒步旅游 　　　　　王琪/摄

表1 新西兰皇后镇四大滑雪场概况表

滑雪场	卓越山滑雪场（The Remarkable Ski Field）	皇冠峰滑雪场（Coronet Peak Ski Field）	卡德罗纳滑雪场（Cardrona Ski Field）	三锥山滑雪场（Treble Cone Ski Field）
滑雪区	220hm²	280hm²	345hm²	550hm²
垂直落差	357m	481m	600m	700m
海拔	1943m	1649m	1894m	1960m
缆车数量	7	8	7	5
场地划分	初级30%、中级40%、高级30%	初级25%、中级45%、高级30%	初级20%、中级55%、高级25%	初级10%、中级45%、高级45%
营业时间	上午9:00至下午4:00	上午9:00至下午4:00；周五周六夜间营业，下午4:00至晚上9:00	上午9:00至下午4:00	上午9:00至下午4:00
开放时间	6、7、8、9、10月	6、7、8、9、10月	6、7、8、9、10月	6、7、8、9、10月
相邻城镇	距离 皇后镇45分钟路程/24km	距离 皇后镇20分钟路程/18km	距离 瓦纳卡35分钟路程/34km	距离 皇后镇29分钟路程/23km

数据来源：新西兰皇后镇四大滑雪场官方网站

适合各种水平的滑雪爱好者，每年有数以万计的冰雪爱好者前来体验（表1）。

新西兰皇后镇开展冰雪运动以来，凭借大面积的滑雪区域、高落差的刺激体验、简单便捷的缆车、方便有序的交通、专业高效的户外团队、综合全面的基础设施以及初、中、高场地的严格划分，迅速打开了国内外冰雪市场，成为世界顶级的滑雪圣地。

（2）产业升级分析

皇后镇利用本土资源，进行了三次产业升级，致力于"体育+旅游"多方位综合的产业模式。至今，新西兰皇后镇成为多层次、多人群、多功能的"体育+旅游"综合体育特色小镇（表2、图3、图4）。

（3）全球市场化策略

新西兰作为一个自然环境优

表2 新西兰皇后镇产业升级阶段分析

发展阶段	初始发展阶段	蓬勃发展阶段	转型升级阶段
时间	20世纪40年代	20世纪70年代	21世纪初
发展规模	小	中	大
住宿条件	简陋的房屋	旅馆、酒店，还出现了较高档的疗养院	著名的五星级酒店、高档疗养院、休闲度假村
租赁设备	廉价	专业化	科技化
服务人员	"淘金热"留下的次级劳动力	旅游公司对当地劳动力进行培训，为游客提供专业的服务	专业人员组成的团队，对游客进行专业的技术指导
服务范围	本地游客	本地及周边国家的游客、极限运动爱好者	世界范围的游客、极限运动爱好者
旅游项目	登山、攀岩	登山、攀岩、天际缆车、蹦极、沙特欧瓦河喷气快艇、滑雪	登山、攀岩、天际缆车、蹦极、沙特欧瓦河喷气快艇、滑雪、高空跳伞、维斯秋千、格林诺奇三部曲、蒸汽船游湖、冰川婚礼、骑行

数据来源：百度百科

图3 新西兰皇后镇快艇体验项目　　王琪/摄

越、经济发展水平较高的国家，在进行全球化市场开发时，非常注重医疗安全问题和国家品牌效应。为了打造国家旅游品牌效应，政府邀请国际知名的电影团队来此取景、宣传；聘请国际名人为新西兰皇后镇代言；甚至依托政府，面向全世界发放旅游签证。为了打响名气，曾邀请美国前总统克林顿在汽船码头前垂钓，并且安排他在Boardwalk餐厅品尝当地特色海鲜，这一度引发了发达国家中产阶级前来新西兰皇后镇休闲度假的热潮。此外，进行市场化开发的过程中，除了保障"全球市场化策略"的实施，还避免了与其他运动旅游城镇同质化竞争。

（4）产品开发研究分析

新西兰皇后镇体育旅游已经稳健发展超过70年，其发展速度之快、建设规模之大、涉及项目之广，已经享誉全球（表3）。完整的产业集群、特色的发展模式已成为多数国家复制的模板。

由此可见，新西兰皇后镇发展至今，国家发布的政策法规为皇后镇发展奠定了政策基础。凭借优越的地理条件，新西兰皇后镇建设了多个不同规格的滑雪场地，受到了滑雪爱好者的喜爱。此外，新西兰皇后镇进行了品牌项目推广，实施全球市场化战略的同时，迅速打开了国外市场，成为众多旅游滑雪爱好者的首选之地。

2 我国体育小镇发展概况

2.1 自然资源——发展基础

体育特色小镇的发展离不开当地自然资源的开发利用，从"十三五"规划开始，我国体育特色小镇的发展进入了黄金时期。例如，我国河北崇礼滑雪小镇、石家庄冰雪小镇、北疆冰雪小镇等著名的滑雪小镇，凭借着高海拔、高落差、高纬度、降雪时间长等自然条件建设发展而成。除此之外，依托独特的自然风光、错落的空间结构、多元的功能融合、多彩的历史人文，为体育特色小镇的发展充分嵌入了旅游功能、发掘了文化功能。

2.2 社会发展——重要前提

随着社会和经济日益进步，生活水平不断提高。近年来，家庭对于体育的重视程度逐渐提高，社区体育、学校体育等大众化运动项目的普及，带动了体育消费，体育由"生产方式"主导向"生活方式"主导转变。自改革开放社会主义市场经济体制方向确定以来，在有限的经济条件下，如何使体育产业呈现较快的发展，成为我国体育产业发展的探索方向。目前，我国的城镇建设受到了政府部门的高度重视，体育特色小镇的建设极大地丰富了民众的精神生活,弥补了城市功能区体育运动种类贫乏的缺陷。体育特色小镇的建设呈现"爆发式"的发展势态。

2.3 政策扶持——基本保障

特色小镇的建设需要政府、市场、社会等多元主体的合力推动,政府承担着推动者的义务,在经济、政治、文化、科技等领域具有强大的影响,在体育特色小镇的建设中扮演着重要的角色(表4)。2014年,国家开始推动体育特色小镇建设,浙江省作为第一批体育特色小镇创建省份,破解了体育产业发展难题,将旅游功能和文化功能嵌入了体育产业。2016年,随着"十三五"规划的实施,各级部门相继发布通知推进特色体育小镇建设。2017年8月10日,国家体育总局公布了第一批体育特色小镇试点名单,进一步推动了体育特色小镇的多元化发展。

图4 新西兰皇后镇高空跳伞体验　　　　　图片来源:由王琪提供

表3 新西兰皇后镇的体育旅游项目情况表

产品名称	创立时间	项目特点
沙特欧瓦河喷气快艇	1970年	世界上最刺激惊险的喷射快艇,驾驶员运用娴熟的技术在几厘米的水面上以极快的速度穿过各个急流转弯,紧贴着岩石壁进行各种特技表演
高空跳伞	1990年	这是一种Tandem Skydiving,乘飞机飞上高空,和教练共享一个降落伞,一起跳下。INFLITE集团的Skydive Franz冰川跳伞是新西兰极具特色的跳伞项目
天际缆车	1967年	让旅客轻松乘缆车到达山顶,把最美皇后镇景色展现给他们
卡瓦劳大桥蹦极	1988年	世界上第一个商业蹦极中心,是全球极限运动爱好者必争之地。在经营的30年期间,已经有超过100万人参与到蹦极项目中来,没有任何人发生过意外
TSS厄恩斯劳号蒸汽船游行	—	南半球唯一商业运营的燃煤蒸汽船,穿梭于瓦卡蒂普湖上,悠久的历史为其赢得"湖上贵妇"的雅号
霍比特人骑行	—	在格林诺奇以北的阿斯帕林国家公园里,以最原始的方式,探寻新西兰大地的神秘与壮丽
Helicopter Line 库克山直升机冰川徒步	—	200万年前第四纪冰川留下的冰雪一直保留至今,陆地冰川一般存在于海拔4000多米的崇山峻岭中,难以到达。在新西兰南岛,海拔2000m就可以遇到冰川,这是全球最容易到达,服务极为成熟规范的冰川徒步项目
双人高空秋千	—	皇后镇内维斯峡谷高空秋千是世界上最高的高空秋千,能够体验瞬间极速俯冲带来的刺激

数据来源: 新西兰皇后镇旅游攻略

表4 国家扶持体育小镇的政策及主要内容

发布时间	政策名称	主要内容
2014年10月20日	《快速加快发展体育产业促进体育消费的若干意见》	各地区积极扩大体育产品和服务供给，推动体育产业成为经济转型升级的重要力量，促进群众体育与竞技体育全面发展，加快体育强国建设，不断满足人民群众日益增长的体育需求
2016年2月6日	《关于深入推进新型城镇化建设的若干意见》	积极推进农业转移人口市民化，全面提升城市功能，加快培育中小城市和特色小城镇
2016年5月	《体育产业发展"十三五"规划》	充分挖掘冰雪、森林、湖泊、江河、湿地、戈壁、草原、沙漠、滨海等独特的自然资源和传统体育人文资源，重点打造冰雪运动、山地运动、户外休闲运动、水上运动、汽摩运动、航空运动、武术运动等各具特色的体育产业集聚区和产业带
2016年7月18日	《关于开展特色小镇培育工作的通知》	到2020年培育1000个左右各具特色、富有活力的特色小镇
2016年10月10日	《关于推进政策性金融支持小城镇建设的通知》	明确指出支持以转移农业人口、提升小城镇公共服务水平和提高承载能力为目的的基础设施和公共服务设施建设。中国农业发展银行各分行要积极运用政府购买服务和采购、政府和社会资本合作（PPP）等融资模式，为小城镇建设提供综合性金融服务
2016年10月18日	《关于加快美丽特色小（城）镇建设的指导意见》	以专业特色镇为重点，兼顾多类型、多形态的特色小镇
2016年10月25日	《关于加快发展健身休闲产业的指导意见》	推进健身休闲产业供给侧结构性改革，提高健身休闲产业发展质量和效益，培育壮大各类市场主体，丰富产品和服务供给，推动健身休闲产业全面健康可持续发展，为经济发展新常态下扩大消费需求、拉动经济增长、转变发展方式提供有力支撑和持续动力
2016年11月2日	《冰雪运动发展规划（2016—2025年）》	要全面推进冰雪运动"南展西扩"战略，大力促进冰雪产业发展
2016年12月22日	《关于大力发展体育旅游的指导意见》	坚持市场主导，政府扶持；加快体育旅游发展；健全完善体育旅游的保障措施
2017年5月11日	《关于推动运动休闲特色小镇建设工作的通知》	明确指出到2020年，在全国扶持建设一批体育特征鲜明、文化气息浓厚、产业集聚融合、生态环境良好、惠及人民健康的运动休闲特色小镇
2017年8月10日	《国家体育总局办公厅关于公布第一批体育运动休闲特色小镇试点项目名单的通知》	进一步优化和完善运动休闲特色小镇建设规划，突出体育特色，形成产业链和服务圈，充分发挥政府引导作用，积极稳妥地推进项目建设，防范风险发生
2017年12月4日	《关于规范推进特色小镇和特色小城镇建设的若干意见》	准确把握特色小镇内涵，遵循城镇化发展规律，注重打造特色鲜明的体育小镇
2018年9月30日	《国家发展改革委办公室关于建立特色小镇和特色小城镇高质量发展机制的通知》	遵循地区发展阶段规律，引导企业扩大有效投资，逐步挖掘体育特色小镇的典型案例，优化服务，建成高质量的体育特色小镇

3 新西兰皇后镇体育特色发展经验的中国化路径

3.1 产业融合，科技创新，完善休闲产业配套系统

新西兰皇后镇是以体育休闲为核心，以住宿、休闲租赁、餐饮购物和其他旅游度假为支撑的体育特色小镇。我国仅仅依靠体育本身盈利难度较大，需通过科技创新，带动技术融合，使不同产业形成共性，为产业融合创造条件。体育产业应与房地产、农业、文化、健康、科技、医疗、餐饮、艺术等产业相互交融、相互支撑，依靠强大的科技力量促进产业升级。打造以体育为主体、服务为主导的多元化的"体育特色"消费体系。

3.2 行政联合，完善机制，建全体育产业规范标准

我国大部分体育特色小镇处于初步发展阶段，概念不清、定位不准、盲目发展和市场化不足等问题成为诸多体育特色小镇发展的共性问题。目前，国内体育产业尚未形成规范的规章标准，体育特色小镇建设多数是由政府发起并制定整体性

的规划设计。因此，应充分借鉴新西兰皇后镇的管理理念，构建标准化的体育产业规范标准。地区政府部门应联合强化标准引导、平台搭建、公共服务等方面的保障作用。充分发挥市场在资源配置中的决定性作用，协调、鼓励、引导、支持企业和社会力量参与体育特色小镇的建设，使国内体育小镇步入标准化、可持续的发展轨道。

3.3 资源聚集，科学规划，挖掘"本土特色"文化软资源

体育特色小镇依赖资源类型和空间布局进行规划建设。国外体育小镇发展模式主要分为资源依托型、城市依托型、总部集聚型三大类。新西兰皇后镇属于资源依托型体育特色休闲小镇，自然资源的空间分布及其组合是其成为世界知名体育小镇的关键。我国应从实际出发，依托各地的历史文化、体育赛事、休闲项目、自然条件等特色资源，结合经济发展水平和基础设施条件，依据当地资源基础和本土文化，对国内体育特色小镇进行科学的规划，形成具有"本土特色"的体育特色小镇。

3.4 地域结合，优势互补，提升"以人为本"核心竞争力

体育特色小镇属于专业小镇，地域资源依赖性极强，国外著名体育特色小镇集中在城市周边或山地资源、河海资源、历史人文较为丰富、环境承载力强的地方。我国体育特色小镇的建设应与地域相结合、顺应城镇的发展，处理好小镇创建整体与局部、继承与创新、公益与商业的关系，充分考虑小镇的承载能力，建立以产业为核心、以特色为灵魂、以人为本的地域发展理念。

4 结语

在我国推动城镇化建设的大背景下，体育产业高速发展，体育特色小镇也在如火如荼地建设，作为经济发展动力的新源泉，它们为中国社会发展注入了新的活力。借鉴国外体育特色小镇的成熟发展经验，结合我国体育特色小镇发展现状，来探索多元化建设路径，打造特色产业集群；转化区位资源优势，加强区域间的交流合作。不断丰富体育特色小镇的功能，推动体育产业与相关产业快速融合，积极创新规划体育产业集群，使体育特色小镇又好又快发展。

基金项目支持

山东省社会科学规划一般项目：山东省体育旅游小镇空间布局与优化路径研究（16CTYJ06）。

参考文献

陈磊，陈元欣，张强，2017. 国内外体育特色小镇建设启示：以湖北省为例［J］. 体育成人教育学刊，33(03)：41-45.

侯超文，李兆进，2019. 产业集群模式下国外体育特色小镇发展经验借鉴：以意大利蒙特贝卢纳小镇为例［J］. 福建体育科技，38(1)：7-10.

贾志强，2015. 群众体育：我国体育发展的主旋律［J］. 北京体育大学学报，38(01)：8-14.

诺曼，2006. 新西兰行政改革研究［M］. 孙迎春，译. 北京：国家行政学院出版社.

李燕燕，高雪峰，兰自力，2014. 我国体育产业融合的动力因素及模式分析［J］. 成都体育学院学报，40(09)：7-11，29.

何春刚，2017. 体育小镇建设中的政府职能与推进路径［J］. 南京体育学院学报（社会科学版），31(04)：23-27.

李锋，2017. 城镇化进程中体育特色小镇的历史演变与发展［J］. 运动（23）：9-10.

潘哲浩，2011. 城市居民大众健身与体育消费研究：以潮州市为例［J］. 吉林广播电视大学学报(04)：144-145.

瞿昶，2017. 基于市场化导向的旅游型特色体育小镇构建探索：以新西兰皇后镇为例［J］. 南京体育学院学报（社会科学版），31(05)：59-63.

宋学岷，司虎克，2018. 中国户外运动研究的发展特征及趋势分析［J］. 广州体育学院学报，38(02)：48-56.

吴立强，2018. 产城融合背景下我国体育小镇的发展路径分析［J］. 体育成人教育学刊，34(01)：58-60，81.

国家体育总局，2015. 2014年全民健身活动状况调查公报[EB/OL]. http://sports.people.com.cn/jianshen/n/2015/1116/c1590958-27820851-5.html.

王玉林，2016. 黑龙江省绥化市新型城镇化建设研究［D］. 哈尔滨：黑龙江大学.

昕月，2014. 体验新西兰［J］. 商业文化（下半月）(08)：74-85.

杨元望，2016. 晋江市新型城镇化建设研究［D］. 福州：福建农林大学.

朱珊珊，2017.《探险旅游：意义、经验与学习》（第一章）汉译实践报告［R］. 石家庄：河北师范大学.

张雷，2018. 运动休闲特色小镇：概念、类型与发展路径［J］. 体育科学，38(01)：18-26，41.

内蒙古体育旅游产业融合发展研究

An Integrated Development Analysis on Sport Tourism Industry in Inner Mongolia Autonomous Region

文 / 殷俊海

【摘 要】

体育是旅游的内容，旅游是体育的载体。体育旅游是以体育或者旅游为主导的一种新融合状态的新型产业形态。内蒙古拥有丰富的草原、森林、沙漠、湿地、戈壁、河湖、冰雪等优质旅游资源，可以以体育的相关活动和赛事作为旅游内容，实现体育和旅游融合发展。本文分析了内蒙古体育旅游的现状和存在的问题，探讨了体育旅游运行的基本原理，提出了要充分利用内蒙古优质特色资源，设计、运营具有内蒙古区域特色的体育旅游融合产品。

【关键词】

体育旅游；体旅融合；冰雪体育旅游；民族体育旅游；内蒙古

【作者简介】

殷俊海　内蒙古体育职业学院研究员

注：本文图片均由作者提供。

1 内蒙古体育旅游产业融合发展现状分析

曾勇和陈卫华（2009）认为在体育产业中，体育旅游业是其不可或缺的关键组成部分。在旅游业发展中，体育旅游是其必不可少的一个闪光点。因为共同的需要和有交集，体育产业和旅游业交替重合孕育产生了体育旅游业。伴随着中国经济的飞速前进，居民的休闲资金日渐充裕，健康意识也日益增强，体育旅游业目前已逐渐在我国产业发展中呈现蓬勃发展的趋势。旅游、文化、体育、健康、养老被认为是当今五大幸福产业，这无疑是体育旅游产业发展的新机遇。

1.1 内蒙古体育产业发展现状

在全民健身方面，截至2019年，内蒙古自治区全区体育场地数达53262个，体育场地面积4681.81万m^2，人均体育场地面积1.85m^2；在农村广大牧区，"123"老年人体育工程正逐步推进。目前有3处国家级别登山和草原健身步道、5个具有草原全民健身特色的示范基地、7个具有少数民族传统体育特色的示范基地、3个具有智能化体育特色的公园、126个用于社会体育指导员培训的基地、17个致力于体育行业特有职业培训的基地、1450个主要以健身气功为主的站点。沙漠汽车航空乐园景区获得"国家体育旅游示范基地"称号，奈曼旗被命名为"内蒙古自治区全民健身示范县区"，内蒙古全民健身服务中心国民体质健康指导站、满洲里市国民体质监测中心等四个单位被命名为"自治区级体质测定与运动健身指导站"，阿拉善盟阿拉善左旗、呼和浩特新城区水磨村被命名为"运动休闲特色小镇"，内蒙古龙谷旅游资源投资有限公司、内蒙古莱德马业被命名为国家体育产业示范单位，内蒙古扎兰屯金龙山滑雪休闲旅游项目、鄂尔多斯赛车项目获批国家体育产业示范项目。

内蒙古自治区体育局为推进少数民族传统体育的传承发展，大力推进那达慕、蒙古族"男儿三艺"等传统体育活动，普及马术、搏克、射箭，推行曲棍球、驼球、布鲁、安代健身操等运动，进一步修订蒙古族传统布鲁和传统弓箭的自治区及地方标准，第十届全国少数民族传统体育运动会和两届全区少数民族传统体育运动会先后成功举办。2018年自治区体育局和民委联合下发《关于进一步加强内蒙古自治区少数民族传统体育工作的实施意见》。

2018年，内蒙古通过主动出击、寻求合作，进一步促进体育资源与资本对接，有效推动体育产业健康可持续发展。以特色项目为引领，以多种形式推进体育、健康、旅游、休闲养老、文化、宜居等多种功能叠加的运动特色小镇。截至目前，内蒙古共有国家体育产业基地1家、示范单位2家、示范项目2个，对发展体育产业起到示范及聚集作用。与东北三省体育和旅游部门联合成立了"东北区域体育旅游联盟"，以实现优势互补、互利共赢。积极利用国家体育旅游示范基地、精品赛事、精品线路、国家体育产业示范基地等品牌效应，以运动项目产业化发展为核心，举办第五届内蒙古国际马术节、"越野e族"阿拉善英雄会、穿越内蒙古汽车集结赛等民族特色赛事。体育彩票业快速递增，过去五年体育彩票以年均24.4%的速度递增，累计销售182亿元，为体育产业发展汇聚了有生力量。2018年体育彩票累计销售70.04亿元，同比增长22.61亿元，增幅47.65%，全年累计筹集公益金16.62亿元，内蒙古体彩市场份额历史上首次超过50%。

图1 蒙古族摔跤——搏克　　　　　　阿拉塔/摄

1.1.1 内蒙古体育产业的优势

内蒙古自治区有55个少数民族，特别是蒙古族、达斡尔族、鄂伦春族、鄂温克族、满族、朝鲜族、俄罗斯族等少数民族聚集的地方，拥有丰富独特的多民族文化，蕴藏着多样的民族传统体育项目，如那达慕、赛马、射箭、摔跤（图1）、布鲁、男儿三艺等典型的民族传统活动，这些项目都是内蒙古体育产业发展的优质资源。此外，内蒙古横跨中国北部东西，拥有草原、森林、沙漠、湖泊、冰雪、湿地等多样自然资源，这些自然资源恰是进行越野赛、探险、漂流、极限运动等既不可缺又具有高品位的体育产业资源。阿尔山、牙克石、扎兰屯等滑雪场早已经是闻名于国内外的滑雪胜地，许多场国内外滑雪大赛在这些地方成功举办；处于沙漠环绕中的阿拉善盟，已连续举办汽车、摩托车沙漠越野赛13届。

1.1.2 内蒙古体育产业的劣势

首先，内蒙古体育产业正处于起始发展阶段，因而总体产业的发展情况相对滞后于其他发达省份。内蒙古体育产业及相关联产业规模小、发展慢。体育方面的竞赛、表演、娱乐和咨询培训尚未发展成熟起来，体育用品、体育器械生产经营方面缺乏自己知名的品牌。其次，对比别的项目预算，内蒙古体育产业经费比重偏小。2016年内蒙古自治区体育局大力支持体育产业发展、培养体育人才并设立体育事业发展基金，提供经费500万元。设立体育产业引导资金，进行体育产业研讨会，筹备打造体育产业聚集区，提供经费1000万元；2017年，用于体育产业的资金达到1810万元。

总的来看，内蒙古体育产业已有一定发展，并有一定的发展优势。但同时，有许多弱势限制了内蒙古体育产业的发展。内蒙古体育产业要发展，只能与时俱进、开拓创新，寻找符合本地区实际的发展道路。

1.2 内蒙古旅游产业发展现状

为大力推动内蒙古旅游产业的发展，内蒙古自治区政府采取一连串措施，加快发展旅游业，让旅游业成为内蒙古自治区经济发展的中流砥柱，全区的旅游业得到了全面持续性的良好发展，旅游产业发展前景广阔，产业布局正在不断提升，旅游产业的重要性逐步凸显。

1.2.1 旅游业总收入逐年增长

据统计，从2013年到2019年，内蒙古旅游行业的经济产值逐年向上提升，从同比增长的情况来看，同比增长率变化还不太稳定，还存在上下浮动的现象，但一直稳定在20%以上，平均增长率在24%左右，其中2019年内蒙古旅游业产值是2011年的4倍左右，从数据可以看出内蒙古旅游业的产值增长迅速。2019年接待旅游者13044万人次，自治区实现旅游业总收入4011.37亿元，分别同比增长12.01%、16.61%。入境游客188.08万人次，实现创汇12.72亿美元，分别同比增长1.72%、2.13%。

1.2.2 旅游名牌景区的设立

内蒙古自治区现有国家AAAA级以上景区87家，AAAAA级景区5家。这些景区具有鲜明的地域特点和民族风格，覆盖全区12个盟市，既有自然地貌型，也有森林景观型，还有人文型等，文化特色突出。新创建的品牌景区如额济纳胡杨林、呼伦贝尔大草原、额尔古纳湿地、元上都遗址、黄河大峡谷老牛湾、昭君博物院、鄂尔多斯七星湖等享誉国内外。

1.2.3 旅游合作上升到国家层面

多年来，中、俄、蒙三国一直进行周边地区旅游合作，"中俄蒙'万里茶道'国际旅游联盟"是内蒙古自治区的一个创新发展成果，它实现了国家层面的三国全境的合作。2016年"中俄蒙"三国旅游部长会议在呼和浩特举办，"万里茶道"自此成为国家推广的十大品牌线路之一。在这个大框架的基础上，三个国家的旅游企业签署了10个旅游项目，合同金额高达13.9亿元。

1.2.4 旅游营销影响力扩大

"祖国正北方，亮丽内蒙古"，已经成为响彻央视的旅游形象广告语，并得到了广泛传播；全方位、创新性营销，正是与中青旅集团合作的精准化和专业化成果；60人40天10城市的万里巡游——这个几十人的活动却已在全国扩散传播；草原旅游那达慕、内蒙古马术节、冰雪旅游那达慕、蒙古族服装服饰艺术节、中俄蒙（满洲里）旅游节，这些旅游节已成为全国知名的旅游节庆品牌。

内蒙古正在大力扶持旅游精品，提高旅游景区的品质，提倡标准化建设，优化升级旅游产品结构，打造多元化、精品化的旅游产品体系。民航、铁路、公路综合发展，为旅游服务提供了方便快捷的综合运输网，旅游城市及景区的畅通性有了极大的提高。"吃、住、行、游、购、娱"六大要素一直在蓬勃发展并相互补充，这些合力让内蒙古旅游产品的品牌竞争力显著提升。

1.2.5 全域旅游全面推进

积极推动全域旅游示范区创建工作，推进区域旅游协同发展，编制了呼包鄂、乌阿海满旅游一体化发展规划和行动计划，组织举办了呼包鄂旅游一体化发展高峰论坛、乌阿海满旅游一体化推进工作会。大力实施"旅游+"战略，与交通、体育、农牧、卫生、住建、金融等部门建立合作机制。12个盟市全部完成全域旅游规划，随着自治区层面文化旅游行政部门的合并，盟市文化、旅游、体育三部门也相继整合，旅游新业态不断涌现，研学、体育、红色、康养等旅游业态成为新亮点。

2 体育旅游融合带来的产业发展变化

体育产业与旅游产业融合发展，进一步发挥参与人多的优势，并且产生聚众效应。如马拉松路跑活动，在单位时间内可以产生广泛的聚众效应，以"跑马"为聚众内容，带动亲友团共同助阵，赛后转换成大量的旅游客流，带动综合消费。体育产业带动旅游产业发展，以优质赛事内容为聚众核心，产生聚众效应。如俄罗斯足球世界杯赛事期间，仅中国游客就超过12万人，除了贡献现场观赛经济，还给俄罗斯旅游市场带去了大量的收入。

2.1 体育旅游产业融合的消费模式

传统旅游的六个要素是"吃、住、行、游、购、娱"，旅行社和景区以及旅游组织参与者通过游客在旅游六要素消费点上做文章，除了门票收入外，以综合消费带动当地经济的发展，产生的经济溢出效应是巨大的，旅游活动已经纯熟掌握这些要点。体育旅游则要以"玩、赛、演、观、播、用"这六个要素产生新的消费增长点，通过参加体育旅游活动，在体育游戏、体育比赛、竞赛表演、观看比赛、传播比赛内容、使用专用比赛用品等方面，直接或间接产生综合消费，这是体育旅游的新的消费增长方式。

2.2 体育旅游融合产品开发

开展体育旅游活动时，借助现代信息技术和互联网，对景区内参与各类活动的人员信息进行采集和存储，扩展成内容产品，还可以增值销售。由于参与体育活动的不可重复性和缺乏自主获得内容的条件，这种增值效果随着时间的推移会逐渐增强，未来可能会催生出一批体育旅游内容企业的增值业务。

一段时间以来，一些研究把旅游分为四个阶段——观光游、休闲游、参与游、体验游，这是基于传统旅游发展的阶段性和游客旅游活动的阶段分类。但体育旅游应该说已经打破了这种分类法，总体上分为两大类：一是直接参与体育活动获得运动、情感、审美的多元体验，如参加景区马拉松比赛；二是间接参与体育活动获得多元体验，如景区马拉松的亲友团、助跑者等。虽然在参与体育运动的方式上有很大的区别，但两类人群最后都是旅游参与者，都会给当地带来综合消费。

2.3 内蒙古体育旅游融合方式

内蒙古具有得天独厚的地域优势，发展内蒙古体育旅游可以成为内蒙古经济增长的新亮点，主要通过以下五种方式进行融合发展：一是在客源所在地通过协会、俱乐部组织定向参与体育旅游的客源，如阿拉善额济纳旗沙地胡杨林乒乓球赛；二是在旅游目的地通过体育公司、企业组织地接形式的落地活动，如巴彦淖尔市组织的全球华人篮球赛；三是在体育活动所在地组织相关体育赛事活动，通过组团或自助游形式开展旅游活动，如包头蒙超俱乐部组织的大漠草原全国青少年足球夏令营；四是直接在景区内组织赛事活动，既参与了赛事内容活动，又开展了旅游活动，如内蒙古四子王旗旅游那达慕活动；五是依托门户网站和协会组织动员会员参加体育旅游活动，如阿拉善英雄会汽车摩托车体育旅游活动。

3 内蒙古特色体育项目

内蒙古东西跨度大，自然资源丰富，有着发展体育产业的得天独厚的优越条件。

3.1 依托足球改革试点，发展足球产业项目

2014年7月，内蒙古自治区成为国家首个足球改革试点区，过去的五年，足球改革试点取得了显著的成就。足球改革发展工作领导小组成为全区各盟市旗县的常态机构，足球协会达到了46个，拥有专兼职足球管理人员4000余人，社会足球场达到2639块；优化校园风雨足球场地达3000块。国家北方足球训练基地、国家北方青少年足球夏令营活动基地相继落户内蒙古，内蒙古青少

图2 十四届全国冬季运动会滑雪比赛赛道　　　　图片来源：由呼伦贝尔体育局提供

年足球海南冬训基地、中俄蒙足球训练基地、中蒙俄足球训练基地、和林县足球小镇等先后建成。

2017年底累计拥有等级足球教练员3173人、等级足球裁判员3086人，足球青少年运动员注册人数增加至10473人，青少年足球俱乐部达95所。构建了青少年足球U系列联赛体系，创设了足球发展基金，组建国内第一个"足球频道"，内蒙古足协调整改革方案顺利推进。

围绕自治区足球改革所取得的成绩，大力培育足球市场，发展足球产业，推进职业足球长足发展已经势在必行。足球产业发展的条件已经具备，发展内蒙古地区足球和旅游的有机结合是必然出路。

3.2 依托草原森林资源，发展休闲体育项目

围绕丰富的草原、森林、河流、湖泊等自然资源，大力打造草原那达慕品牌"男儿三艺"——骑马、摔跤、射箭体验游，开展自行车、徒步、汽车、摩托车、祭敖包、夏令营、探险宿营和登山、沙漠穿越、漂流、垂钓等内容丰富、群众喜爱、参与广泛、发展空间大的户外休闲运动项目，做大做强内蒙古草原休闲体育大会、环多伦湖自行车邀请赛、中俄蒙青少年运动会等赛事品牌活动，形成特色休闲体育产业园区，凸显内蒙古体育产业的特色。

3.3 依托冬季冰雪资源，发展冬季冰雪项目

以内蒙古举办2020年第十四届全国冬季运动会和2022年北京—张家口联合举办冬奥会为契机，主动融入京津冀合作区域，推动各类体育资源跨区域对接，加快体育市场一体化进程，形成与京津冀体育资源共享、互利共赢的新局面。制定《内蒙古冰雪运动中长期发展规划》，积极开展滑冰、滑雪、雪地摩托、冰滑梯、爬犁、冰车、陀螺、冰上滚铁环、冰球、冰壶、雪地足球等休闲娱乐和竞技项目。按照国家"3亿人参与冰雪运动"的目标，积极推进"百万青少年上冰雪"等活动开展，促进校园冰雪运动发展。以呼伦贝尔市、赤峰市、兴安盟等东部地区为重点，同时与其他盟市互联，开发冰雪产业的优势和特色，构建一批享誉国内外的冰雪品牌，扩大冰雪运动消费，推动冰雪产业发展（图2）。

3.4 依托沙漠戈壁资源，发展汽摩竞赛项目

与国内外体育组织机构密切沟通合作，鼓励开展精品汽车、摩托车等高品质赛事，推动本土赛车运动及相关产业发展。以鄂尔多斯市、阿拉善盟、包头市、通辽市等盟市为重点，打造具有良好自主品牌和较好经济效益的摩托车、汽车体育竞赛及自驾旅游项目，引导发展休闲汽车户外营地等设施。继续开展"越野e族阿拉善英雄会"、巴丹吉林沙漠越野赛、鄂尔多斯响沙湾沙漠体验游、科尔沁山地越野赛、浑善达克山地汽摩越野赛、库伦银沙湾越野嘉年华等赛事项目，策划、推广"穿越内蒙古"汽车越野车挑战赛项目（图3），做好汽摩赛事的提档升级和市场开发。

的少数民族传统体育项目（图4、图5），扶持各少数民族聚居地区开发具有民族特色的单项赛事，增强传统体育项目特色并提升运动水平，持续提高各族人民群众健康水平。大力发展以搏克、赛马、射箭、蒙古象棋、布鲁等为主要内容的那达慕项目，把那达慕打造成集体育、旅游、文化、经贸于一体的草原盛会。

4 以内蒙古特色推进体育旅游融合产业品牌建设

体育与旅游融合品牌的建设具有唯一性、稀缺性、需求性、重复性、高品质的特征。因此，内蒙古依托自身地域特征建立具有民族特色与地域特色的体育旅游融合产品可以进一步提升内蒙古体育旅游品牌建设，带动相关产业的消费，提升品牌价值。通过培育和发展体育旅游融合产业可以提升内蒙古的整体形象和国内外影响力。区域品牌还因其发挥的"磁场效应"，可以给投资者创造环境，让投资者赢得利润，能有效带动各类经济要素向区域集中，在区域内自由流动。

要运用内蒙古特色体育品牌项目，建立具有内蒙古民族特色的体育旅游品牌体系，凸显体育旅游融合品牌的价值，营造内蒙古公共品牌形象，由政府主导模式向企业主导模式转变，努力建成内蒙古公共品牌、区域品牌、企业品牌共同生存的品牌体系，形成具有内蒙古特色的体育旅游品牌竞争优势，构建体育与旅游跨界融合的特色品牌。

图3 越野赛车　　　　　　　　郝占/摄

3.5 依托畜牧优势资源，发展马术产业项目

加大对马术产业发展的规划和指导，以兴安盟、锡林郭勒盟、呼和浩特市、通辽市、鄂尔多斯市等盟市为主导，积极承办大型商业性赛马活动和国家级民族体育赛事，进一步提升中国马术大赛、内蒙古马术节、8•18赛马节、科右中旗马术大赛等民族赛事品牌。以保护和传承蒙古族马背文化为依托，加大优秀品种马和蒙古马的驯养和繁育力度，开发一批以骑马、赛马、马术表演、驯马等为主要内容的旅游项目，带动马匹饲料、马具、马术服装、赛马人才培训等马术衍生品业的发展。

3.6 依托民族传统资源，发展那达慕项目

在呼伦贝尔市、锡林郭勒盟、乌兰察布市、包头市和鄂尔多斯市等盟市积极开展以那达慕为代表

4.1 户外休闲类体育旅游融合品牌

草原骑乘是将草原和马术运动相结合的旅游方式。草原是内蒙古的标志,而骑马奔驰在草原上,更是一番意气风发、诗意豪迈的壮阔景象。在兴安盟科右中旗举办的内蒙古草原休闲体育大会,以五角枫景区和科尔沁草原为依托,进行自行车穿越赛、翰嘎利湖垂钓比赛、草原定向赛、疏林草原徒步穿越赛、五角枫航模比赛5个体育比赛项目,创设了体育与旅游融合的品牌形象。

内蒙古呼和浩特市的大青山国家登山健身步道立足于大青山的自然优势及文化特色,汇集户外运动、历史教育、休闲度假、乡村旅游等诸多优势于一身,同时也兼顾了资源合理开发的最大化和环境保护。同时,在包头、海拉尔等地,也培育出了城市绿道和草原步道的品牌。内蒙古环多伦湖公路自行车赛,旨在以体育赛事为载体,提升多伦旅游知名度,每年有来自全国各地的数百名自行车运动员参加比赛,赛事精彩纷呈,影响力大。通辽建设的科尔沁500km旅游大道,沿途建立了完善的自驾营地设施,也形成了独到的品牌。

图4 草原那达慕——骑马拾哈达　　阿拉塔/摄

4.2 冬季冰雪体育旅游品牌

内蒙古冰雪旅游品牌建设主要有四大品牌。凤凰山滑雪场位于牙克石市东南郊,雪场建有4条初、中、高级滑雪索道,滑雪雪道总长5800m。在凤凰山滑雪场除了滑雪,

图5 草原那达慕——赛马　　殷俊海/摄

图6 U型池单板滑雪　　　　　　图片来源：由呼伦贝尔体育局提供

还能体验最具北国特色的冰滑梯、赏雪景、观冰雕、抽陀螺等，滑雪与旅游深度融合，实现品牌价值。

扎兰屯金龙山滑雪场位于内蒙古扎兰屯市卧牛河镇，建成了初、中、高级滑雪道5条，国家队单板U型训练场地1座（图6），雪道总长3800m，依托雪道、滑冰场等体育设施，为游客提供双板滑雪、单板滑雪、雪上飞碟、雪地足球、雪地自行车等多种活动项目，让体育项目与旅游进一步深度融合。

阿尔山滑雪场和国家雪上空中技巧训练基地，具有完善的服务设施。由于阿尔山童话般的环境，冬季游客宛如到欧洲度假，已经形成了"梦幻阿尔山，冰雪大世界"的品牌。

岱海滑雪场位于美丽的内蒙古凉城县岱海湖畔，是内蒙古中西部地区规模最大的滑雪场。雪场占地总面积为20万m²，其中造雪总面积为10万m²。为满足不同水平的消费者的需求，岱海滑雪场以体育项目为核心内容，带动旅游产业的发展，并建立具有区域优势的体育旅游融合产品。

4.3 越野赛车旅游品牌

越野赛车激情游，最著名的当属"阿拉善英雄会"，全称"越野e族阿拉善英雄会"，会场设置有大型露天营地，鼓励参与者露营，采取封闭大本营的方式，大本营的基础设施越来越完善，阿拉善梦想汽车文化主题公园也已经投入使用，露营成为一种使人身心都愉悦的享受。历经10年，多项著名赛事和精彩主题活动让英雄会不仅成为广大越野、户外爱好者的年度盛会，更成为中国越野圈的标志性庆典。

赤峰玉龙沙湖景区越野挑战赛，初、中、高三个等级的沙漠赛道，距离分别是1.5km、34km和77km，分为改装越野车和公开组，赛事分为1个超级短道赛和4个特殊赛段，比赛总里程382km，其中沙漠赛段超过一半，以赛车文化带动旅游相关产业发展，实现吃、住、行、游、购、娱方面的价值增值。

鄂尔多斯七星湖摩托车越野拉力赛在库布其沙漠举办，每年吸引北京、湖北、内蒙古、辽宁、宁夏等地共计数十支车队的过百名选手参赛，以赛车运动为主题带动旅游产业的发展，凭借七星湖旅游产业发展的强劲势头和独特的天然地貌，让更多的外地车手和游客认知、熟悉、了解七星湖沙漠旅游，进一步提升品牌知名度。

4.4 马拉松与路跑旅游品牌

马拉松长跑是国际上非常普及的长跑比赛项目，全程距离为42.195km。马拉松的形式多样，有全马、半马、迷你马拉松、亲子马拉松、最美赛道马拉松等。内蒙古拥有炫美多姿的自然风光、多样多彩的民族文化、文化内涵深厚的古迹名胜、曼妙优美的蒙古歌舞、异彩纷呈的蒙古式摔跤，这会让参与者留下难忘的记忆。

环乌海湖国际马拉松赛将乌海市的沙漠、湖泊、黄河、湿地等自然景观与人文环境结合在一起，让奔跑者体验乌海这座美丽的城市，马拉松赛事的举办也将提升旅游的品牌知名度与认可度，促进体育与旅游产业的融合发展，形成具有地域特色的体育旅游品牌。鄂尔多斯国际马拉松是内蒙古具有影响力的赛事，每年有来自21个国家2万多名选手报名参赛，2018年创立傍晚发枪的"星空马拉松"也创造了中国马拉松的新形象。正蓝旗举办的"贵由赤"是传承蒙元文化、弘扬时代精神的超长距离越野赛，是国内单条赛道最长距离马拉松。中国冷极（根河）国际冰雪马拉松，在-58°C的冷极的环境中进行比赛，让旅游者和马拉松爱好者领略极冷风采，体验别样的旅游感受，打造具有地域特色的冰雪旅游品牌。

近年来，越野挑战赛是全球最受欢迎的越野挑战项目之一，库布其沙漠国际超百公里越野挑战赛，赛事分为100km、50km、25km三个专业组别，吸引了许多沙漠户外探险爱好者参与。以体育赛事来助推旅游发展，打造沙漠旅游度假和户外运动带，发挥库布其独特的资源优势，促进体育与旅游文化融合发展。

4.5 水上体育旅游品牌

水上漂流旅游是一种水上漂流与旅游相融合的旅游方式，具有独特的清凉水魅力。乘着橡皮艇顺流而下，天高水长，阳光普照，四面青山环绕，漂流其间，迎面而来的是一种期待、一种刺激。目前内蒙古地区有赤峰西拉木伦大峡谷、扎兰屯雅鲁河、科左后旗三岔口、阿尔山不冻河等漂流地。游客乘上皮筏顺流漂去，可以感受到"曲径通幽"的妙不可言。温泉旅游以健康养生为主要吸引力，同时兼顾旅游、休闲、会务等活动，逐步发展为21世纪旅游度假的主打热点之一。内蒙古自治区具有丰富的温泉资源，温泉旅游汇集旅游、休闲、健身诸多优势，在当下是度假休闲旅游中的火热产业，温泉经济同时被誉为"朝阳产业中的朝阳"。

4.6 民族传统体育旅游品牌

民族传统体育品牌是集民族特色文化、休闲、娱乐、竞技、观赏于一体的多元体育文化活动，具有巨大的市场潜能。鄂尔多斯国际那达慕大会秉承"绿色、多彩、吉祥"的理念，以"国际那达慕、草原狂欢节"为载体，打造具有蒙古族特色的国际体育赛事品牌，加快发展丰富多彩的民族体育事业，提升内蒙古特色体育旅游品牌知名度。

呼伦贝尔、锡林浩特冬季那达慕上除了传统那达慕"男儿三艺"外，还设置了极具民族特色的沙嘎比赛、民族服饰展演和牧民生活展示等精彩内容，在寒冷的冬季让游客体验蒙古族冬季的生活方式，推动冬季旅游发展。阿拉善、乌拉特后旗冬季骆驼节（图7），展示红驼文化及乌拉特部落民俗文化，培育发展骆驼旅游品牌，进一步扩大了冬季旅游市场，推动体育和旅游深度融合。

内蒙古国际马术节是由内蒙古自治区政府主办、每年一届的大型体育旅游品牌节庆活动，以草原赛马、马术传统赛事为主题，带动旅游产业发展，并且通过马术节传播内蒙古体育正能量，增强广大群众的参与性，推动民族体育产业和旅游融合发展。

5 结语

内蒙古体育旅游在新的时期得到了有利的发展机遇，特别是内蒙古承担着国家北部地区生态安全屏障的重要职责，大力发展体育旅游可以改变内蒙古自治区产业发展方式，创新新型产业发展形态，寻找高质量发展新动能。打好内蒙古体育旅游这张牌，就能很好地落实国家主体功能区战略，发挥好内蒙古的资源优势和创新优势，这对于建设靓丽内蒙古具有重要的作用。

体育融合产业的新连通源于技术创新，技术创新是产业融合的催化剂。互联网背景下，产业融合加速，体育产业的各种资源与其他产业互动频繁，不同市场、产品、技术的碰撞、发酵带动了体育产业的技术创新。正是这种技术创新，改变或丰富了人与人、物与物、人与物之间的连通方式。互联网时代，随着产业融合范围的扩大、融合程度的加深，以体育产业为核心的全纳产业生态圈将孕育而生。体育本身是一个全产业链，从产业链到生态圈概念范围更广，这里面不仅包含协作配套构成产业链的各企业主体，还包含为企业主体持续发展提供人才、技术、融资及基础设施等要素支持的整个外部环境。全纳产业生态圈形成后将为圈内产业发展营造良好的生态环境，使进入其中的各个成员互利共赢，最终实现所有链条及系统的和谐发展。

参考文献

成会君,徐阳,2015.我国体育产业发展引导资金的管理现状、问题及对策[J].沈阳体育学院学报,34(1)：9-14.

吉如河,2011.蒙古族传统体育现代化发展研究综述[J].内蒙古师范大学学报（哲学社会科学版）,14(4)：61-62.

图7 冬季那达慕——赛驼　　　　　　　　　　　　　　　　　　　　白成祥/摄

李燕燕，2015. 我国体育产业融合的特征、类型及实现机制[J]. 首都体育学院学报，14(6)：490-492.

王飞，池建，2014. 我国体育产业发展的制度约束[J]. 首都体育学院学报，25(4)：23.

王朝辉，2011. 融合拓展旅游发展空间的路径与策略[J]. 旅游学刊，26(6)：6-7.

王艳，刘金生，2009. 体育产业融合与产业发展：我国体育产业发展的新视角[J]. 成都体育学院学报，12(7)：7-10.

杨强，2013. 体育产业与相关产业融合发展的内在机理与外在动力研究[J]. 北京体育大学学报，36(11)：21-30.

郑学益，2000. 构筑产业链，形成核心竞争力：兼谈福建发展的定位及其战略选择[J]. 福建改革，24(8)：14-15.

张新华，才立伟，倪莎莎，2006. 冰雪体育旅游对国民经济和社会发展的作用[J]. 冰雪运动，12(5)：79-81.

邢尊明，周良君，2005. 我国地方体育产业引导资金政策实践配置风险及效率改进：基于8个省、自治区、直辖市的实证调查及分析[J]. 体育科学，35(4)：12-21.

台湾地区运动旅游现况发展之初探
A Preliminary Study of the Present Situation of Sport Tourism in Taiwan

文 / 黄国扬

【摘 要】

"运动旅游"的概念在1987年被提出探讨后,在开发较早的地方已发展为一种产业。2001年台湾全面实施周休二日政策以后,加上居民所得日益增加,台湾民众越来越重视休闲与运动。近年来由台湾教育事务管理部门推动"运动旅游"发展,从2012年起举办"优质运动游程征选活动",让一般旅游行程搭配地方特色运动,借以提倡民众参与,并养成运动习惯,有效增加运动产值,同时创新观光旅游商机,与国际接轨。但在现在各种严峻的形势之下,仍须不断地滚动修正各种策略,才能面对国际大环境的挑战。水域活动是台湾的发展优势,要依赖各界共同努力,才能共创民众、运动产业、旅游产业多赢局面。本研究主要以台湾事务管理部门公开资料作为研究基础进行初探,所得结果供后续研究者参考。

【关键词】

运动旅游;优质运动游程;地方特色运动;台湾

【作者简介】

黄国扬 上海体育学院博士研究生,台湾运动休闲产业经理人协会执行秘书

注:本文图片均由作者提供。

1 导言

旅游业对国家和城市的经济层面影响巨大，不仅可以帮助政府增加财政收入，也能促进区域发展，并且能使各种产业融合发展。近20年来，随着台湾地区居民收入的提高，以及在周休二日政策实施等因素的影响下，旅游业蓬勃发展，人们在旅游活动上的实践，也间接带动了区域的建设、产业的发展。

台湾交通事务主管部门2017年关于居民旅游状况的调查数据显示，岛内的整体旅游次数相较2016年减少3.64%（图1），探究下降的主要原因，主要是2017年6月有超大暴雨，7—8月接连受强力台风尼莎、海棠的影响，第二季减少9%，第三季减少15%；同年，在消费者物价指数全年平均涨0.62%的情况下，每人每次旅游总费用增长1.26%，年度整体经济值达到新台币4021亿元；然而，综观近10年的数据，即便台湾经常受自然灾害（如台风、地震）、人为灾害（如火灾、空难）、疾病灾害（如登革热）等影响，居民岛内旅游次数仍在逐步增长。

关于旅游目的，根据台湾旅游部门近10年的数据，"运动旅游"部分占整体旅游目的的比例为4.7%~7.2%。以2017年居民岛内旅游目的为例，旅游目的主要包括宗教、商务会议、课程学习、生态、运动、纯观光、探亲等，其中运动旅游占了5.5%（图2），相当于10089695人次，经济产值估计达156亿元，相较于2016年而言，未有增长。就类型而言，Gibson（1998）对运动旅游做出三种分类，分别为自主运动旅游（active sport tourism）、运动赛事旅游（event sport tourism）、怀旧运动旅游（nostalgia sport tourism），这三种类型在台湾均有。就台湾的运动旅游发展而言，其主要优势是有台湾地区行政管理机构的政策支持，从2002年起着手制定运动休闲相关计划，到2011年台湾地区立法机构三读通过《运动产业发展条例》；此外就是自然风景与人文环境的多元，促使运动旅游政策推行与发展。

台湾教育事务主管部门为了推动运动产业发展，提升其产值与效益，在2012年特别制定《台湾教育事务主管部门运动发展基金优良运动游程辅助作业要点》，举办"优质运动游程征选活动"，通过将运动元素纳入旅游行程规划，来提升民众观赏或参与各式运动的消费支出；每年除了积极争取与办理大型运动赛事（会）活动之外，也辅导旅游从业者搭配各地方发展特色运动，并安排优质的运动游程（台湾教育事务主管部门，2019）。

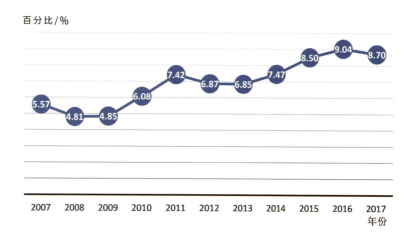

图1 2007-2017年台湾居民旅游年平均次数折线图
图片来源：整理自台湾交通事务主管部门(2018a)资料

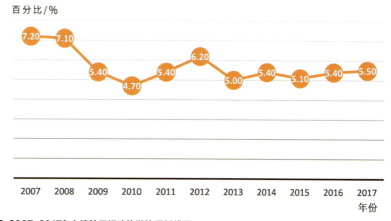

图2 2007-2017年台湾地区运动旅游比重折线图
图片来源：整理自台湾交通事务主管部门(2018a)资料

2 现状政策与目标

2017年世界经济论坛(World Economic Forum)发布《观光旅游竞争力报告》，针对136个国家和地区发展旅游业所创造的经济及社会效益进行研究，并以观光旅游竞争力指标(travel & tourism competitiveness index)来评定各地的旅游竞争能力，这当中包括旅游环境、政策条件、基础设施、自然和文化资源四大方面，共有14项指标、90项细标。中国台湾在全球和亚太地区排名都名列前茅，这有助于明确未来发展的方向与目标，并通过不同产业来共同发展（台湾交通事务主管部门，2018a）。

台湾交通事务主管部门为了持续振兴观光旅游发展，特别制定了《Tourism2020年——台湾永续观光发展方案(2017-2020年)》，以创新永续、打造本地幸福产业、多元开拓、创造观光附加价值、安全安心、落实旅游社会责任为核心目标，并通过开拓多元市场、促进民众旅游、辅导产业转型、发展智慧观光及推广体验观光五大行动计划纲领，持续厚植台湾旅游基础及开拓国际市场，期望把台湾打造成友善、智慧的亚洲重要旅游目的地。

运动旅游是将运动与旅游的特点融合在一起，其本质就是当人从事运动时，能获得旅游的价值；相对地，人在从事旅游活动时，能获得运动的效果；对产业发展而言，基本上是由运动产业与旅游产业组合而成，或是相辅相成。然而，实际上旅游产业的范围远大于运动产业，因此，台湾教育事务主管部门为了促进运动产业发展，在2012年融合观光旅游元素颁布了优质运动游程活动政策，并开展了运动旅游的具体实践，发展目标如下（教育事务主管部门，2019）：

（1）提倡民众从事观赏性及参与性运动等相关活动，培养民众持续参与，并养成运动习惯。

（2）鼓励运动服务产业与旅游业相关产业结合，提供创新优质服务，结合观光旅游与运动赛事活动或运动专业指导，打造运动观光新商机。

（3）鼓励民众将运动元素纳入旅游行程规划概念，引领新形态的旅游方式，进而提升运动消费比例，增加运动服务业产值，带动民众形成运动健康观念。

（4）营销台湾优质运动游程，增加运动旅游业的产值及就业人口。

（5）开发及培训具有潜力的运动游程创新与创业团队。

目前在优质运动游程活动的引领下，正在向上述目标迈进。从2012年起至今，每年由旅游从业者相继推出优质游程，以热门运动项目如自行车、马拉松、高尔夫等为主轴，并将其纳入旅游行程，结合文化、古迹、美食、风景等多种元素，塑造运动旅游新商机。台湾22县市也相继推出具有地方特色的运动，并融入地方旅游，共同带动运动风潮与增进观光旅游效益，达到双赢效果。

3 具体实践与绩效分析

2012年至今，运动旅游的发展不断向创新、优质、双赢的方向实践，从举办大型运动赛事会、推动优质运动游程活动到辅导地方特色运动游程发展，囊括了人们的各种参与动机与需求，概要分析如下。

3.1 积极争办大型赛会

一直以来，台湾地区不断争取大型运动赛会的举办权。回顾过去几年，台湾已举办近千场大小运动赛事，尤其是马拉松、自行车赛事，几乎已成为地方特色赛事。2017年在台湾举办的台北世界大学生运动会，带来了很多运动产业商机，促使运动融入生活，推动了民众运动的风气。同年，中国台湾举办国际运动赛事共108场次，吸引了世界各地54000余人参赛。

2019年在台湾举办的国际运动赛事预计至少有118场次之多，其中，新北市万金石国际马拉松、国际自由车环台公路大赛、威廉琼斯杯国际篮球邀请赛及U12世界杯棒球赛等都是大型热门赛事，这也促进了运动旅游的发展。近几年在台湾举办的国际赛事见表1。

3.2 优质运动游程活动

优质运动游程活动是由台湾教育事务主管部门发动、由旅游从业者推出，以运动为主轴的旅游产品，多属于怀旧运动旅游(nostalgia sport tourism)类型。由于台湾近年来盛行自行车、马拉松、三铁等运动，多数从业者以自行车、高尔夫运动为主，搭配人文、风景、古迹等推行旅游；发展至今，也顺应潮流相继推出其他热门运动来搭配旅游，如登山健行、浮潜、独木舟、游泳、钓鱼等。

根据台湾教育事务主管部门2014—2017年的调查统计数据

表1 台湾近年举办国际赛事统计表

年度	赛事数	大型重要赛事代表
2013	95	2013年亚洲射箭锦标赛 2013年现代五项世界锦标赛
2014	89	2014年亚洲青年女子排球锦标赛 2014年亚洲青年田径锦标赛 2014年四大洲花式滑冰锦标赛
2015	111	2015年U-12世界杯棒球赛 2015年亚洲棒球锦标赛
2016	112	2016年中华台北羽球公开赛 2016年亚洲青年男子排球锦标赛 2016年四大洲花式滑冰锦标赛 2016年夏季国际少年运动会
2017	108	2017年世界大学生夏季运动会 2017年世界青年花式滑冰锦标赛
2018	130	2018年亚洲杯男子排球赛 2018年四大洲花式滑冰锦标赛

数据来源：作者整理自台湾教育事务主管部门（2018b）资料

表2 民众运动旅游分析表

年度	分析项目	上半年	下半年
2014	有运动旅游消费支出的民众	3.4%	4.0%
	平均消费	10987元	10212元
	从事体育活动	74.5%	73.0%
	观赏运动比赛	21.9%	18.9%
	参加运动赛事	16.3%	17.5%
2015	有运动旅游消费支出的民众	4.2%	4.0%
	平均消费	9526元	10091元
	从事体育活动	72.9%	69.6%
	观赏运动比赛	20.9%	23.5%
	参加运动赛事	18.5%	19.1%
2016	有运动旅游消费支出的民众	4.5%	4.8%
	平均消费	8959元	8507元
	从事体育活动	74.7%	71.3%
	观赏运动比赛	16.8%	26.5%
	参加运动赛事	14.0%	19.3%
2017	有运动旅游消费支出的民众	4.7%	4.9%
	平均消费	8677元	8570元
	从事体育活动	76.7%	64.5%
	观赏运动比赛	14.5%	28.9%
	参加运动赛事	13.7%	22.6%

数据来源：作者整理自台湾教育事务主管部门（2018a）资料

（表2），民众运动旅游消费支出的比例逐年增高（3.4%→4.9%），显现在政策上是有达到效果，但在平均消费上却逐年减少（10987元→8570元），这当中影响因素甚广，仍有待深入研究。另外，经深入分析，得出民众从事体育活动的倾向有些微减少，而在观赏运动比赛与参加运动赛事方面的倾向有些微增加，这当中的比例，上半年是逐渐减少，下半年是逐渐增加。

根据整体经济产值调查统计数据，2017年台湾运动旅游总产值推估达156.1亿元，再结合2016年的总产值152.8亿元、2015年的总产值152亿元、2014年的总产值146.3亿元来看，台湾运动旅游的总产值是逐年增长的。

3.3 地方特色运动

推动地方旅游，广义来说必须要有完善的软、硬件公共建设，这也是台湾地区行政管理机构基本的职责；台湾交通事务主管部门的《重要观光景点建设中程计划（2016—2019年）》报告，共规划编列158.51亿元，采取集中投资、景点分级的观念，投入建设在13个重要风景区的235个景点之中，期望能吸引大量观光游客，促进地方旅游发展。长期以来，各县/市政府为了发展观光旅游业，除了充分利用地方天然资源、人文环境资源以外，也在城市整体规划中投入大量资源，以便吸引更多的游客，促进地方经济发展。

2019年台湾地区各县/市政府选举之时，高雄市长韩国瑜曾经喊出一个口号："货出得去，人进得来，高雄发大财。"这个口号深刻地烙印在人们心中，同时也很明白地指出，一个城市要吸引游客到来，必须塑造出特色，让人想来。因此，2019年各县/市政府在台湾教育事务主管部门的辅导之下，相继推出地方特色运动主轴，以下仅就大型运动赛事做简要概述（表3）。

（1）基隆市：是位于台湾最北端的都市，凭借着历史古迹与依山傍海的天然资源（情人湖、外木山游憩区、和平岛地质公园等），发展的地方特色运动为自行车、独木舟。代表性口号为"绝美海岸线，骑车、游泳皆怡人"。

（2）台北市：为台湾的省会，治辖幅员不广，却拥有众多文物古迹、博物馆，曾多次在国际上获选为"最佳旅游城市"；每年定期举办数十场马拉松活动，如台北马拉松、ING台北国际马拉松等，发展的地方特色运动为路跑。代表性口号为"跑出城市活力，国际交流最热情"。

（3）新北市：是台湾北端最大的城市，幅员广阔兼具山海风情，拥有丰富的海岸资源，有观音山风景区、宜兰海岸风景区等，加上境内地貌景观多样与人文景观丰富，每年举办的万金石国际马拉松赛事享誉中外，发展的地方特色运动为马拉松。代表性口号为"绝美海岸线路跑，打造国际新品牌"。

（4）宜兰县：平地主体为兰阳平原，三面环山，东临太平洋。发展的地方特色运动为铁人三项（游泳、自由车、路跑），已成为利用赛事带动旅游的典范。梅花湖游泳水质佳，自由车沿线充满田园之美，路跑全线可欣赏湖光山色，堪称台湾地区最大规模的铁人赛会。代表性口号为"铁人

表3 地方特色运动主轴项目一览表

单位	体育项目	单位	特色体育项目
基隆市	自行车、游泳	嘉义市	棒球
台北市	路跑	嘉义县	篮球
新北市	路跑	台南市	路跑
桃园市	独轮车	高雄市	多元项目
新竹市	SUP立桨	屏东县	体适能
新竹县	路跑	台东县	铁人三项
苗栗县	路跑	花莲县	路跑
台中市	传统武术	宜兰县	铁人三项
彰化县	路跑	澎湖县	游泳
南投县	游泳	金门	民俗体育
云林县	传统武术	马祖	路跑

数据来源：作者整理自台湾教育事务主管部门（2019）资料

三项吸人群，美景带动观光潮"。

（5）花莲县：西临高耸的中央山脉，东临太平洋，以自然观光资源著名，境内有太鲁阁公园、玉山公园。发展的地方特色运动为马拉松，从壮阔的太平洋边开跑，进入幽静海岸山脉193县道，可居高临下饱览花东纵谷美景，是全台湾最疗愈身心的马拉松赛事。代表性口号为"太鲁阁马拉松，享誉国际的世界级美景"。

（6）台东县：拥有丰富的生态资源，无论是海岸、高山、森林、溪谷，都保持着自然完整的风貌，并孕育了多样的动植物种类，处处都是天然美景，为台湾后花园的最后一块净土，这里绝对是乐活的首选之地。发展的地方特色运动为铁人三项，打造专属路线，让这块好山好水的净土成为培育优秀选手的最佳环境。代表性口号为"得天独厚，铁人三项打造专属路线"。

（7）澎湖县：澎湖群岛位于大陆与台湾之间的台湾海峡，全县四面环海，境内澎湖湾为世界最美丽的海湾之一。发展的地方特色运动为游泳，泳渡澎湖湾，被誉为台湾最刺激及挑战性最高、长度最长的海泳，水中美景更是亚洲之最。代表性口号为"泳渡澎湖湾，游出世界观"。

（8）马祖：该地区的军事重地一一解禁，逐渐成为观光的景点，而马祖列岛的多山、岩礁、岩岸地形，也造就了许多观光美景。东引军事越野障碍赛为挑战军事基地的障碍赛，结合军事风格以及花岗岩地质岛屿的美丽景致，让路跑者沿着特色景点一路跑，一路体验军事文化，也一路欣赏马祖的美丽风光。代表性口号为"绝高难度马拉松路线，跑者征服不止步"。

3.4 综合分析

基于以上分析可知，首先，中国台湾地区争办大型赛事的机会逐年增多，然而在软、硬件等各种条件建设上仍须持续努力，才能胜任更多的赛事，也期待将来有更多的机会举办大型运动赛会。

其次，在民众实际参与运动旅游行程方面，数据显示参与活动的人数逐年增多，此项政策是符合民众需求的，唯在观赏运动比赛与参加运动赛事方面会受到地区性的淡旺季因素的影响，管理机构仍需重新审慎检讨与应对，提供完善的策略，如此行程的规划方能更加多元。

再次，在地方特色运动方面，推出的特色运动项目重叠性过高，如马拉松，所以管理机构在这方面仍需提供多元策略，采用向下扎根模式，通过地方运动辅导、社团培育、学校教育等措施，逐渐形塑地方风气。

最后，在产业发展方面，不仅要除弊还要能革新，这样才能有所进步。自2017年起，电竞产业已纳入运动产业中发展，民众在这方面的消费年产值至少达到6.3亿元；而3C产品对民众而言已成为生活必需品之一，因此，未来电竞运动项目结合旅游产业发展还有赖各界评估。

4 结语

台湾虽没有丰富的天然矿物资源，却拥有绝美的天然环境与景色，观光资源多元丰富；在观光旅游的发展上，也已投入了大量的人力、物力与财力。在联合国世界旅游组织（United Nations World Tourism Organization，简称UNWTO）推动国际可持续旅游发展以后，强调在环境方面、社会方面及经济方面可持续旅游，因此，台湾也顺势拟了《Tourism 2020年——台湾永续观光发展方案(2017—2019年)》。

体育运动项目可以说不计其数，将运动结合在旅游之中是国际发展趋势，对台湾而言，这是个起步，在开始各项投资与建设以前，必然需要审慎地筹划。发展地方特色运动是一项能有效带动地方发展的策略，秉着内涵化、产品化、国际化来开展活动，不仅可以给地方带来经济收益，也可以扶植多种运动项目发展。

综观台湾现行旅游与运动旅游政策、目标与实践，已有初步的具体效益与成果，站在民众的立场上，在提高参与度、满意度方面仍有进步空间；在水域活动上，也仍需要更专业化、普及化的发展，毕竟台湾属于海岛地区，发展水域活动是必然的方向。

注释

本文提到的货币单位均为新台币。

参考文献

台湾交通事务管理部门，2018a. 台湾地区2007-2017年居民旅游状况调查报告[EB/OL]. [2019-04-10]. https://admin.taiwan.net.tw/FileUploadCategoryListC003340.aspx?CategoryID=7b8dffa9-3b9c-4b18-bf05-0ab402789d59&appname=FileUploadCategoryListC003340.

台湾交通事务管理部门，2018b. Tourism 2020年：台湾永续观光发展方案(2017—2019年)[EB/OL]. [2019-04-10]. https://admin.taiwan.net.tw/FileUploadCategoryListC003100.aspx?CategoryID=b765214d-ecae-497e-9d5d-7233eaafd4df&appname=FileUploadCategory3103.

台湾教育事务管理部门，2018a. 2014-2017年度台湾民众运动消费支出调查[EB/OL]. [2019-04-12]. https://www.sa.gov.tw/PageContent?n=161.

台湾教育事务管理部门，2018b. 台湾教育事务管理部门2013-2017年年报[EB/OL]. [2019-04-12]. https://www.sa.gov.tw/PageContent?n=176.

钟彦文，2018. 从国际指标探讨台湾观光竞争力[EB/OL]. [2019-04-10]. https://pride.stpi.narl.org.tw.

GIBSON H, 1998. Sport tourism: a critical analysis of research[J]. Sport management review, 17(1), 31-34.

沈阳棋盘山风景区体育旅游综合体发展战略研究

Development Strategy of Sport Tourism Complex: A Case of Qipan Mountain Natural Scenic Area, Shenyang

文 / 刘博识　刘爽

【摘　要】

本文通过对沈阳市构建体育旅游综合体意义的讨论和对棋盘山风景区资源优势及制约因素的分析，提出了沈阳棋盘山风景区发展体育旅游综合体的战略构想和发展的目标、原则及模式，进而确立了其体育旅游综合体发展的战略选择和布局规划，并进一步提出了实施战略的措施。综合体是"体育+旅游"产业融合发展的大格局，是发展前景广阔的阳光产业，已成为当今服务业发展的关注点。沈阳棋盘山具有得天独厚的生态环境条件和市场基础，需要市场体旅融合，才能最终实现体育旅游综合体的可持续发展。

【关键词】

体育旅游；综合体；风景区；战略研究；棋盘山

【作者简介】

刘博识　沈阳城市学院酒店管理学院教学指导委员会副主任，副教授

刘　爽　沈阳城市学院酒店管理学院院长，副教授

1 体育旅游综合体概述

现如今，产业融合已经成为世界经济发展的一大趋势，不同产业相互交叉、相互渗透的现象层出不穷。体育产业和旅游产业融合发展（综合体）也成为大趋势。旅游综合体有时也称为"休闲综合体"或"度假综合体"，是指基于一定的旅游资源与土地基础，以旅游休闲为导向进行土地综合开发而形成的，以互动发展的度假酒店集群、综合休闲项目、休闲地产社区为核心功能构架，整体服务品质较高的旅游休闲聚集区。作为聚集综合旅游功能的特定空间，旅游综合体是一个泛旅游产业聚集区，也是一个旅游经济系统，并有可能成为一个旅游休闲目的地。

2016年5月15日，国家体育总局、国家旅游局签署的《关于推进体育旅游融合发展的合作协议》（以下简称《协议》）提出，要"充分挖掘和发挥我国体育旅游资源的优势，推进旅游与体育的融合发展，培育和壮大体育旅游企业集群，构建我国体育旅游产业体系和品牌，把体育旅游培育成国民经济的新的经济增长点，满足人民群众多层次多样化健身运动和旅游休闲需求"，为全面推进体育旅游综合体的发展提供了依据。

《协议》还指出，体育是发展体育旅游产业的重要资源，旅游是体育产业市场动力的重要载体。推动体育旅游融合发展，是丰富旅游产品体系，拓展旅游消费空间，促进旅游业转型升级和提质增效，落实全域旅游发展观的必然要求；是盘活体育资源，提升体育市场化水平，扩大体育产业规模，提高人民群众身体素质，全面推进全民健身的必然选择。体育与旅游的结合，具有天然的互补优势，能对游人产生更大的黏性，也能为城市的经济效益做出贡献。

2018年3月22日，国务院办公厅出台了《关于促进全域旅游发展的指导意见》，其中明确提出，要"大力发展冰雪运动、山地户外运动、水上运动、汽车摩托车运动、航空运动、健身气功养生等体育旅游，将城市大型商场、有条件景区、开发区闲置空间、体育场馆、运动休闲特色小镇、连片美丽乡村打造成体育旅游综合体"。体育旅游综合体的发展由此在我国全面展开。

国家和地方各级政府对体育旅游综合体的理论进行了相关的论述，提出了发展理念与核心思想。但是反观学术界，在知网的文献检索中，并没有对体育旅游综合体进行相关阐述的文献。大部分文献只是对体育旅游、体育综合体、旅游综合体进行论证。而在国外的文献中也没有找到针对体育旅游综合体进行表述的文献。因此，可以看出，对于体育旅游综合体的理论体系急需完善和梳理。

鉴于上述观点，本文在总结政府相关政策、对标产业发展，以及借鉴体育旅游相关理论的基础上，结合旅游综合体的概念，认为体育旅游综合体就是指基于一定的体育旅游资源与体育旅游项目，以体育旅游、运动休闲为导向进行综合开发而形成的，以体育运动休闲项目为主，体育旅游休闲社区为核心功能构架的体育旅游及运动休闲聚集区。它是体育产业链与旅游产业链深度融合发展的新形式，在体育与旅游产业的发展基础上形成的新的融合业态，带动了新的经济增长点。旅游景区引入体育资源，增设体育消费项目，创新产品供给；推进体育旅游与文化、养老、健康、教育、医疗、休闲养生、互联网、金融等产业融合发展；发展冰雪运动、山地户外运动、水上运动、汽车摩托车运动、航空运动、健身、养生等项目；推动航空飞行营地、汽车房车自驾旅游营地（图1）、

图1 美国房车营地　　　　　　　　龚楚峡/摄

山地户外营地等建设；加快体育旅游的数字化、网络化进程；将大型商场、开发区闲置空间、转型中的体育场馆、运动休闲特色小镇、美丽的乡村和现代农业等融合，打造集文化、健身、旅游、休闲、观光于一体的体育旅游多元融合的综合体新业态，提升体育旅游的综合吸引力。

2 构建沈阳棋盘山风景区体育旅游综合体的意义

棋盘山风景区位于沈阳的东北部，东邻抚顺，西至沈北新区，南至浑河，北接铁岭，距市区17km，区域总面积203km²，是沈阳最大的自然风景区（图2）。棋盘山资源丰富，自然资源由天景、地景、水景、山景、园景、建筑、胜迹、风物等组成；人文资源由体育、科普、影视、民俗、娱乐、棋牌、宗教、展览、赛事等构成。曾连续举办了世界园艺博览会、世界文化与自然遗产博览会、世界奥林匹克文化展示会、中韩职业高尔夫球对抗赛、国际女子世界象棋冠军争夺赛及国际旅游体育节、国际冰雪节等许多国际体育赛事，已成为沈阳社会经济发展的新名片。棋盘山拥有良性循环的生态系统，空气质量达国家二级标准；丘陵地形，植被丰富，种类达800多种；森林面积97km²，水域面积10km²；属温带季风大陆性气候，四季分明；交通网络发达，区内有多条高速路和城市主干道通过；城市交通、城际高速、铁路等交通网络，1小时即可到达辽宁中部城市群的7座城市；沈阳桃仙国际机场是东北规模最大的航空枢纽；全国最高等级的"一环五射"高速公路网，通往沈阳市外5条干线交汇点，连接8条支线；高速铁路连接了国内的各个城市。这些现代化交通网络为棋盘山体育旅游综合体的发展提供了便捷的交通。棋盘山风景区日平均接待体育旅游的游客最高点时为3万人，在各种节假日期间，游客量为10万左右，体育旅游收入达到800万元。

随着越来越多的人把运动爱好融入旅行，体育旅游已经成为当前的一个热词。体育旅游综合体也显示

图2 沈阳棋盘山风景区分布示意图

图片来源：棋盘山文化产业集团

出巨大的魅力和市场空间，孕育了大量的投资机会。

在推进"全域旅游"和"全民健身"两大国家战略背景下，沈阳大力发展棋盘山体育旅游综合体，是丰富体育旅游产品体系、拓展体育旅游消费空间、促进两大产业转型升级的需要，也是加快体育和旅游供给侧结构性改革，着力推动体育产业和旅游业从门票经济向产业经济转变，从粗放低效方式向精细高效方式转变，从封闭的体育和旅游自循环向开放的"体育+旅游"转变，从企业单打独享向社会共建共享转变，从景区内部管理向全面依法治理转变，从部门行为向政府统筹推进转变，从单一景点景区建设向综合目的地服务转变的必然趋势，具有划时代的重要意义。

如今，旅游市场正从以观光为主体向观光、休闲、运动、度假等多样化、多层次的旅游消费转型。更多的人开始追求健康、有质量，参与性和体验性较强的旅游方式，消费结构日趋高级化。而体育旅游综合体恰好集棋盘山各类体育和旅游资源于一体，增加了其积聚效应，应运而生恰逢其时。

处在沈阳"环城游憩带"及"四大发展空间"之一东部空间的棋盘山风景区，发展沈阳体育旅游综合体有着得天独厚的优势，作为示范区，对提升沈阳的城市形象具有重大意义。其丰富的资源优势，决定了它的建设发展对于扩大沈阳对外开放、提高沈阳城市品位、完善沈阳城市功能、创造更多的经济效益，将起到举足轻重的作用。

3 棋盘山发展体育旅游综合体的优势分析

沈阳位于我国东北地区，是东北亚和环渤海经济发展的中心城市，也是我国几大经济带贸易发展向东北延伸的综合型枢纽城市。以政府政策支持为代表的外部动力和丰富的资源融合等内部动力，构成了棋盘山风景区体育旅游综合体发展的最大优势。

3.1 政府政策支持

自1995年《中华人民共和国体育法》颁布以来，国家、辽宁省、沈阳市陆续制定了多项促进体育、旅游产业发展的相关政策，这一系列保障性政策为棋盘山体育旅游综合体的发展提供了政策支持（表1）。

政府制定的政策为体育旅游的发展提供了条件和保障，为研究文体旅融合发展、促进旅游经济增长、促进旅游业转型升级、丰富旅游产品体系、拓展旅游发展空间、推动体育产业提质增效、促进体育消费都起到了重要的作用。

表1 国家、辽宁省、沈阳市制定的体育、旅游产业相关政策

国家制定的体育旅游产业文件		辽宁省、沈阳市制定的体育旅游产业文件	
颁布时间	文件名	颁布时间	文件名
2014年8月	《关于促进旅游业改革发展的若干意见》	2015年8月	《辽宁省人民政府关于加快发展体育产业促进体育消费的实施意见》
2015年12月	《体育产业"十三五"规划》	2016年12月	《辽宁省关于加快发展健身休闲产业的指导意见》
2016年5月	《关于推进体育旅游融合发展的合作协议》	2016年3月	《沈阳市人民政府办公厅关于进一步促进旅游投资与消费的实施意见》
2016年12月	《"十三五"旅游业发展规划》	2017年1月	《辽宁省全民健身实施计划（2016-2020年）》
2016年12月	《关于大力发展体育旅游的指导意见》	2017年1月	《沈阳市旅游发展第十三个五年规划》
2018年3月	《关于促进全域旅游发展的指导意见》	2018年4月	《辽宁省支持社会力量举办或与地方政府共同举办马拉松、自行车等大型群众性体育赛事实施方案（2018年）》

图3 棋盘山冬季滑雪项目

3.2 民族及文化特色浓郁

沈阳少数民族众多,有41个少数民族,其中,满族占少数民族总数的54%。满族是马背上的民族,满族文化长期以来都是沈阳重要的特色旅游资源(如马拉爬犁、篝火烹烤等),以其独特的生活习俗深受游客喜爱。2004年7月棋盘山辖区的清福陵(东陵),列入"世界文化遗产名录"。清福陵是清太祖努尔哈赤和孝慈高皇后叶赫那拉氏的陵寝,占地19.48万m²,后倚天柱山,前临浑河,万松翠柏,大殿凌云。依山势而修筑的"一百零八蹬",是明清皇陵中独一无二的建筑形式,很多人到此健身、攀登。清福陵已成为徒步登山旅游体验者喜爱的目的地,是棋盘山风景区一大亮点。棋盘山有东北唯一一处关东风情的实景影视基地——关东影视城,体现了浓郁的关东文化底蕴。依托其中的历史特色建筑和配套设施,游客在参观游览体验的同时,还可以观赏灯会,进行体育休闲娱乐活动,现场感受影视剧拍摄等。这里已然形成食住行游购娱一体的文体旅综合休闲度假中心。

3.3 旅游资源多样

棋盘山是沈阳最大的标志性风景区,资源丰富,其核心区域的"四山一水"——棋盘山、辉山、大洋山、石人山、秀湖,构成了它的骨架,其山洞、奇石、森林、绿地、花鸟、野生动物引人入胜;更融峰、林、阁、泉、湖于一身,集秀、幽、野、险于一体,景致万千。此外还有清福陵(东陵)、世博园(植物园)、国家森林公园、森林动物园、冰雪大世界、关东影视城、鸟岛、向阳寺、神农科技观光园、盛京高尔夫俱乐部、中华饮食文化博物馆、花果山神秘谷、东北亚滑雪场、森林大峡谷、石台子山城博物馆(高句丽山城)、洋什水库、国际棋牌竞技中心、沈阳森林乐园、欧陆风情小镇、辉山小镇等诸多旅游景点。

棋盘山风景区冬季近6个月时间平均气温在零下十几度,具备冬季室外体育休闲运动的先天优势(图3)。冰雪大世界丰富的雪源、冰源已成为沈阳众多滑雪场、冰雪世界不可或缺的重要资源。如今,棋盘山融合了运动刺激型的滑雪运动和休闲娱乐型的戏雪溜冰模式,引进了国外顶级造雪机、压雪车等,同时将拓展与冰雪项目融合。此外,还设有20多个冰雪项目供游人健身娱乐。

3.4 体育节庆活动丰富

2002中韩职业高尔夫球对抗赛、2006年举办的沈阳世界园艺博

图片来源：沈阳棋盘山文化产业集团

览会、2007年举办的沈阳世界文化与自然遗产博览会、2008年举办的沈阳世界奥林匹克文化展示会、每年举办的沈阳国际冰雪节和雪雕冰雕比赛以及多次举办的国际棋类赛事等，一次次向世界展示了棋盘山的风采，提升了人气，使棋盘山体育旅游产品品牌迈向国际化。2017年举办的沈阳棋盘山国际旅游体育节，将棋盘山和世博园同时"点亮"，给中外旅游者留下了美好的记忆。

综上所述，棋盘山发展体育旅游综合体的优势和实力还是十分明显的，从对经济建设和社会利益的贡献来看，取得的成绩也是非常可观的。面对体育旅游综合体发展上升为国家战略，如何利用沈阳的地域优势和棋盘山自身的独特优势，进一步促进其更好、更快的发展，已经成为沈阳棋盘山体育旅游综合体发展亟待完善的课题。

4 体育旅游综合体发展的制约因素

4.1 政策因素

2016年5月，国家体育总局、前国家旅游局签署了《关于推进体育旅游融合发展的合作协议》；同年12月，前国家旅游局和国家体育总局颁发《关于大力发展体育旅游的指导意见》；2018年3月，国务院办公厅颁发《关于促进全域旅游发展的指导意见》，国家对体育旅游综合发展陆续出台了三个指导性政策文件，提出了发展的整体规划和布局。但是辽宁省和沈阳市没有结合省情市情出台相应的发展体育旅游的有效政策，而只分别提出了体育和旅游单一产业的发展政策，地方指导性政策的缺乏，无形中影响了棋盘山体育旅游综合体发展的整体规划速度。棋盘山体育旅游综合体发展需要更具针对性的地方政策保驾护航，指引方向。

4.2 体制因素

体育与旅游是不同的两大产业，在形成综合体之前，各自有不同的体制制度，各方据此受益。在两大产业融合过程中，两种体制和制度偶有冲突，行业间的相对独立性和利益保护会被打破，出现发展上的不协调。例如，体育和旅游两大产业归属于同一体系下的不同部门，形成综合体以后，在管理体制上难免发生冲突，会影响综合体的协调、均衡、有序发展。

4.3 集群因素

由于棋盘山旅游综合体景区中的核心观赏游览区总规划面积为148km^2，主要观赏景点30余处，各景点之间的相对距离过远，从整体游览角度出发，不容易产生完整的审视。各景点之间又交通不便，且各自为政，集群效应不明显，影响综合体融合发展。例如，位于棋盘山西南方向的清昭陵和鸟岛距东南方向的森林公园40km，且各自为政，游客基本无法从昭陵直达森林公园和其他景区"一次游个够"。

4.4 项目因素

在体育旅游中，人们更喜欢选择以休闲娱乐观光为主的模式，而对探险、极地、拓展、赛事、竞技等小众方式则参加较少，造成体育旅游项目单一，两极分化，热门项目人满为患，吃、住、行压力都大；而像棋盘山低空飞行、水上帆板、高尔夫体验等小众项目却少人问津、清冷闲置。

4.5 宣传因素

体育旅游产品是无形的、固定的，不能陈列展览，无法直观地认知和选择，只能通过各种宣传方式介绍和描绘，提高市场透明度，增加人们的兴趣，进而使人参与其中。如一直以来，少有关于棋盘山体育旅游综合体中骑马场骑马、蒲公英飞行俱乐部等体育旅游项目的宣传、介绍、推广、普及。

4.6 安全因素

许多高端、小众体育旅游项目存在一定危险性，难免有意外发生，使许多游客不敢参与。因此，进行必要的参前安全培训尤为重要。如低空飞行、滑雪项目等安全培训体系还不够完善，针对大众游客的公共服务类的安全培训严重缺乏，在今后需要加强和改进。

5 棋盘山风景区体育旅游综合体发展战略与布局选择

目前，沈阳棋盘山风景区已经初步具备了体育旅游综合体发展的外部条件，根据省市制定的相关政策以及这两大产业融合发展的实际状况，适时提出棋盘山体育旅游综合体发展的目标与原则，进而确立综合体发展的战略和布局，时机已经成熟。

5.1 目标和原则

沈阳棋盘山体育旅游综合体发展的目标可以设定为：打造具有东北、东北亚地区影响力的体育旅游品牌，如冰雪运动和山地户外运动项目、国际棋牌比赛、清皇陵建筑等，使之成为体育旅游综合体的龙头，力争早日创建国家AAAAA级景区，让"传奇盛京 福运沈阳"的国际化都市形象，从创建棋盘山体育旅游综合体开始。

发展体育旅游综合体的基本原则是"体育+旅游"要统筹协调、融合发展、管理规范、市场导向、以人为本、合理开发、突出特色、可持续发展。将棋盘山风景区作为完整的旅游目的地，以"体育+旅游"为核心，统一规划布局、优化公共服务、推进产业融合、加强综合管理、实施系统营销、实现效益最大化，不断提升体育旅游综合体的现代化、集约化、品质化、国际化水平，是更好地满足体育和旅游消费需求的保证。

5.2 战略选择

5.2.1 政府主导战略

实现"体育+旅游"的综合体是一项综合性较强的复杂工程，绝不仅仅是单一产业的发展问题，更多的是在实际发展融合过程中，体育产业与旅游业之间的矛盾不断产生、逐渐升级、协调和解，最终二者和谐统一发展。另外，这两大产业此前分属体育局和旅游局两个部门主管，这两个部门参与制定、颁布的政策文件各不相同。在综合体发展过程中，许多时候需要政府主导和协调引导，统一政策支持，在两大产业之间寻找共同点或是相融之处，不断发现问题，不断完善，求同存异，协调解决，使其同步发展的同时还能加快周边基础设施建设、协助完善资源配置，最终实现资源利用最大化，完成体育旅游综合体发展的终极目标。

5.2.2 扩大资金引入战略

棋盘山体育旅游综合体的发展离不开必要的资金引入，以加大基础设施建设，提升配套设施品质，融合新的相关产业，使综合体更加完善。首先，政府可以发挥宏观调控作用，制定优惠政策协助综合体引入资金。特殊项目开发时，政府也可以发挥主导作用，给予必要的资金支持，为体育旅游综合体这一新生事业保驾护航。此外，以税收、租金等优惠条件，吸引国内外实力雄厚的企业、投资商及更多投融资创新平台加盟或投资，也不失为一种资金引入的有效方式。

5.2.3 高低端并举战略

由于社会经济发展不平衡，人们对物质文化的需求也不尽相同，呈高低分化、需求多元态势。为了满足社会大众对体育旅游的多层次需求，其综合体应该选择高低端并举、多层次发展的战略。在发挥原有传统优势的基础上,不断创新产品,既要满足高端游客的"高大上"愿望,又要普惠到广大群众的一般需求。例如,在创办好盛京国际高尔夫俱乐部的同时,要完善并加强对健身广场、登山索道、游船码头、冰雪世界、动植物园、悬索桥等大众体育设施的建设,不断创新特色体育旅游区域。

5.2.4 引进人才战略

优秀人才不仅具有实干精神、科技水平、管理能力、创新能力,而且对于体育旅游综合体这一新兴产业具有独特的认知和理解能力,是两大产业融合发展的重要保障。辽宁沈阳现有高校一百多所,沈阳体育学院、沈阳师范大学、沈阳城市学院等多所大学每年都为社会输送数百名体育旅游专业人才。同时,加强与高校合作、创设吸引和培养人才的机制,对现有员工进行中短期培训、派员工到外地观摩学习、对退役运动员进行转型培训等措施,都能有效提升棋盘山体育旅游综合体的软实力。

5.3 发展模式

棋盘山体育旅游综合体整体由"三区两带"五大支撑体系构成,由北向南依次为北部森林公园景区、中部秀湖景区、南部世园会景区、沈棋路观光带、浑河观光带。其中北部森林公园景区主要采取村镇改造结合景区建设的自然森林保护发展模式;中部秀湖景区是以风景名胜旅游区为主,功能单元镶嵌于绿地上的森林公园发展模式;南部世园会景区遵循串珠式的集居住、休闲、展览、生产多功能于一体的新城发展模式。

发展重点应放在环城游憩带、自然风景区、旅游度假区、乡村旅游区等常态化的参与体验型体育旅游产品上。棋盘山体育旅游综合体区划内包含的项目资源见表2。

表2 棋盘山体育旅游综合体项目资源统计表

级别	资源名称	主要功能	开发模式
AAAA	棋盘山风景区	"三山一水"自然风景、主题园林、观光旅游、综合娱乐、休闲度假	休闲健身康养度假型
—	棋盘山	登山、攀岩、徒步、棋牌竞技、森林沐浴、探险猎奇	探险登山健身型
—	辉山	登山、徒步、索道、滑道、森林沐浴、CS野战	运动健身度假型
—	大洋山	登山、徒步、动植物观赏	运动健身休闲型
—	石人山	登山、徒步、猎奇探险	运动健身休闲型
—	秀湖(棋盘山水库)	水上运动、冰上运动、钓鱼、游泳、骑行、徒步、休闲运动	水上环湖运动型
AAAA	国家森林公园	徒步、森林沐浴、度假疗养、动植物观赏、生态观光、双泉古寺、战备洞游览	森林观光度假、自然森林保护型
AAAAA	世博园(植物园)	观光、徒步、休闲、悬索桥、园林建筑	休闲健身康养型
—	冰雪大世界	冰雪运动、体育训练	运动健身娱乐型
AAAA	清福陵(东陵公园)	观光、健康养生	旅游观光休闲型
—	石台子山城博物馆(高句丽山城)	古城遗址参观	遗址观光休闲型
—	向阳寺	参拜	宗教文化休闲型
—	森林大峡谷	登山、徒步、观景、森林沐浴	休闲健身康养型
AAAA	森林动物园	观赏、森林沐浴、科普、科研、动物保护	旅游观光休闲型
—	关东影视城	影视拍摄、旅游观光、关东风情、民国建筑、实体经营	影视基地观光型
—	洋什水库	观光、徒步、度假	旅游观光度假型
—	鸟林	观赏、徒步、休闲	旅游观光学习型
—	中华饮食文化博物馆	餐饮、住宿、娱乐、拓展	休闲娱乐体验型
—	生态教育中心	参观、学习、科普	科普教育学习型
—	欧陆风情小镇	游玩、住宿、休闲运动、度假、欧陆风情、旅游接待、商贸	欧陆风情小镇型
—	辉山小镇	康体疗养、休闲度假、商贸	休闲疗养度假型
—	沈阳棋盘山神农科技园	农林观赏采摘	农林观赏采摘型
AAA	花果山神秘野人谷	度假、养生、民俗、娱乐、拓展训练、踏青赏花、CS野战、游船垂钓、餐饮住宿	原生态土著部落体验型
—	红太阳红色革命根据地	"十景一厅"、革命历史微缩景观、表演、互动	红色文化旅游型
—	国际棋牌竞技中心	棋牌竞技	棋牌竞技赛事型
—	盛京国际高尔夫俱乐部	拓展训练、高尔夫、高端体育项目	高端体育俱乐部型
—	沈阳森林乐园	大型娱乐、林间湖边散步	森林休闲游乐型
—	沈阳东北亚滑雪场	滑雪、滑雪训练	运动健身型

表3 棋盘山体育旅游综合体发展模式规划表

发展模式	核心资源	配套业态	运动项目
体育养生养老型	山林、湖泊、雪山、小镇、乡村、园林、体育设施	运动广场、娱乐中心、商业服务、保健医疗、景观廊道、康养社区、垂钓区、银行	登山、徒步、户外、路跑、骑行、钓鱼、太极拳、瑜伽、球类、武术、棋牌、游泳、森林沐浴
体育度假旅居型	山峦、森林、湖泊、园林、冰雪、小镇、廊道	运动广场、垂钓区、体育特色小镇、商业服务、休闲会所、度假社区、酒店、康养会馆、医疗服务、自驾车营地、游乐场	登山、徒步、水上运动、冰雪运动、钓鱼、狩猎、骑马、棋牌、游泳、攀岩、打靶、森林沐浴、山地自行车、露营
高端体育俱乐部型	山地、雪山、森林、绿地、湖泊、健身器械、廊道	高尔夫球场、拓展训练营、球类俱乐部、商务酒店、度假别墅、休闲会所、器械运动场地、商业服务	山地攀登、徒步、游艇、越野、马术、滑雪、水上运动、户外拓展、探险、狩猎、攀岩、竞技、打靶、高尔夫、卡丁车、低空飞行、滑翔伞、航模
乡村体育旅游型	溪谷、田园、山林、湖泊、冰雪、农庄、乡村景观风貌、民俗风情	农家乐、休闲山庄、田园采摘、民俗表演、游乐场、垂钓区、乡村景观	冰雪运动、休闲观光、农事体验、果蔬采摘、钓鱼、骑马、山地自行车、露营、篮球羽毛球
体育主题公园型	自然景观、文化雕塑、异国风情、园林、河流、山地、体育设施	运动场地、体育设施、国内外展园、花卉植物园、户外营地、主题公园、饮食商业街、儿童乐园	体育设施健身、健走、路跑、散步、骑行、休闲、球类、广场舞、放风筝、儿童游乐
体育特色小镇型	湖泊、山峦、田园、草地、冰雪、森林、民舍	度假山庄、休闲广场、运动场地、体育设施、农家乐、游乐场、饮食商业街、儿童乐园	钓鱼、登山、滑板、骑马、球类、游泳、冰雪运动、放风筝、划船、露营、户外探险、越野
体育节庆活动型	山水、冰雪、森林、绿地、湖泊、农庄、球场、节庆、民俗风情	冰雪场地、会展中心、国内外展园、赛事场地、棋牌院、武术馆、花卉园	会展、节庆、观赛、参赛、滑雪滑冰、冰雪雕塑、赛艇、棋牌、武术、球类、民俗体育

棋盘山体育旅游综合体的构成应该集自然景观、人文景观、体育项目和现代休闲运动于一体。"四山一水"（棋盘山、辉山、大洋山、石人山、秀湖）为其核心区域。同时，要做大做强综合体，使之成为体育旅游业强有力的支撑，还必须有效整合资源、合作共享，把棋盘山区划内的体育旅游资源串联在一起，实现最大化利用。

根据上述分析梳理，现将棋盘山体育旅游综合体发展模式规划为七大类型（表3）。

综上所述，棋盘山体育旅游综合体未来的发展还需要经过很多的调整、改造和提升，从长远的经济利益和重要的社会价值来讲，所有为此投入的人力、物力、时间等资源，都将得到丰厚和有价值的回报，也是对未来继续发展和扩大提供有力保障。要把体育旅游综合体作为沈阳经济社会发展的重要支撑，合理开发、永续利用。坚持以山水为源、文化为魂、生态为本，高起点建设棋盘山体育旅游集聚区。发挥体育旅游"一业兴百业"的融合带动作用，促进其他相关传统产业提档升级，孵化出一批新产业、新业态，不断提高体育旅游综合体对沈阳经济和就业的综合贡献水平。希望棋盘山体育旅游综合体发挥它特有的优势，以山水为依托，以项目为支撑，增强体育旅游的关联带动及辐射功能，早日成为沈阳城市发展的"新名片"。

参考文献

崔晓红, 2011. 棋盘山风景区旅游可持续开发规划[J]. 辽宁行政学院学报, 13(10): 19-21.

崔剑生, 2019. 沈阳市旅游特色小镇发展对策研究[J]. 辽宁省交通高等专科学校学报(5): 28-31.

陈明明, 2016. 广西北部湾经济开发区滨海体育旅游战略研究[J]. 体育科技(4): 40-42.

高圆媛, 2011. 基于体育旅游者行为特征视角的辽宁体育旅游产品开发研究[J]. 运动(5): 17-19.

高圆媛, 2017. 沈阳市体育旅游资源开发SWOT分析及营销策略[J]. 城市旅游规划(8): 33-35.

胡建忠, 邱海洪, 邓水坚, 2018. "体育+旅游"视角下民族传统体育品牌赛事产业化研究[J]. 首都体育学院学报, 30(01): 42-46.

雷波, 2012. 我国体育产业与旅游产业互动耦合模式分析[J]. 北京体育大学学报(9): 40-44.

吕和武, 2016. 苏州市体育旅游生态化发展路径研究[J]. 中国商论(23): 28-30.

汪羽璇, 倪依克, 2020. 全域旅游视域下浙江景宁体育旅游开发研究[J]. 浙江体育科学, 42(03): 52-56.

王定宝, 保永刚, 2017. "文体旅"融合发展路径探索[J]. 城乡建设(22): 42-44.

庄静, 2014. 都市体育业与旅游业的产业耦合机制研究: 以湖北省为例[J]. 广州体育学院学报, (6): 16-19.

美国黄石国家公园

户外运动与滑雪旅游
Outdoor Recreation and Skiing Tourism

刘　勇　凌小盼　　山地户外运动创新项目的探索研究：以绳索公园为例

徐倩文　付　冰　董二为　　中国国家公园建设中相关游客不文明行为归类归因研究

方　琰　吴必虎　　中国滑雪者滑雪旅游动机、制约因素及目的地选择研究

山地户外运动创新项目的探索研究：
以绳索公园为例

An Exploratory Study on Innovative Outdoor Recreation Activities in Mountainous Areas: A Case Study of Rope Park

文 / 刘 勇　凌小盼

【摘　要】

本文主要采用田野调查法、案例分析法，对绳索公园这一新型户外运动娱乐场所进行了初步研究。本文首次创新性地提出了绳索公园的概念，分析了绳索公园的类型及价值、绳索运动的发展状况，并对绳索项目进行分类；对清迈丛林飞跃绳索公园和成都麓湖冒险岛绳索公园进行案例研究，针对性地对两个不同类型的绳索公园进行了问题剖析，从而创造性地将绳索运动项目和户外旅游与娱乐结合起来，为山地户外旅游发展提供一个集成的解决方案，为"绳索公园"的设计标准和建设规范提供理论和数据支撑。

【关键词】

山地户外旅游；绳索公园；清迈；成都

【作者简介】

刘　勇　四川旅游学院教授

凌小盼　四川旅游学院硕士研究生

1 导言

随着国民经济水平的提高以及消费结构的转变，80后逐渐成为旅游的主力军，他们追求个性独立，多元化、体验式的消费形式，自驾旅游、户外运动、康体休闲、团队拓展正在成为新的消费热点，一些特色体育项目得到越来越多年轻人的青睐（陈佩 等，2016）。在体育旅游大发展的背景下，山地户外旅游也进入高速发展通道，林林总总的山地户外旅游中，与绳索相关的项目占据了半壁江山（图1）。近年来绳索攀爬和其他绳索上的移动本身已经独立作为一项新型空中运动悄然兴起，纵观山地户外产业的学术研究，迄今为止对绳索运动这一新兴项目的研究还较罕见，而较早开展山地户外旅游地区的经验表明，有关的相似的户外运动项目既是一个符合生态环保理念的特色运动，又是一个具有市场发展潜力的大众健身休闲活动（莫双瑷 等，2013）。本研究在多年的山地户外旅游参与和观察研究的基础上，创新性地提出了"绳索公园"这一山地户外旅游场所新概念，研究了绳索公园的类型及特点，利用案例研究将最先进的绳索运动和传统户外运动结合起来，为山地户外旅游发展提供了一个集成场所的解决方案。

图1 泰国清迈空中步道　　　　　　刘明丽/摄

2 国内外户外旅游发展现状

2.1 相关概念

2.1.1 户外运动定义

户外运动是指在户外自然环境中开展的体育运动，是在自然环境中进行的和自然环境直接联系的体育运动项目群，包括：（1）陆地户外运动，是使用陆地和其他设施设置的运动项目。常见的陆地户外运动有铁道式攀登、森林高空走绳、攀岩运动、攀冰运动、登山运动、探洞、动物牵引滑雪、溯溪、溪降、攀树、溜索、高空走扁带、山地自行车、定向越野、野外拓展等；（2）水上户外运动，是指在水域开展的利用与水相关的器材设施的户外运动（罗露 等，2016）。常见的水上户外运动有漂流、溪降、潜水、活水漂浮、皮划艇、帆板、冲浪、风筝冲浪等；（3）空中户外运动，是指使用滑翔或者特殊飞行器材和设备在低空开展的户外运动，常见的空中户外运动有跳伞、滑翔伞、三角翼、翼装飞行、热气球等。

2.1.2 绳索类户外运动定义

在户外运动中，需要借助于绳索器材才能完成的运动统称为绳索类户外运动，包括飞拉达、森林高空走绳、攀岩运动、攀冰运动、登山运动、探洞、动物牵引滑雪、溯溪、溪降、攀树、溜索、高空走扁带、野外拓展等（图2）。在查阅户外运动相关文献后，归纳出常见陆地户外运动、水上户外运动、空中户外运动共25种，其中绳索类户外运动17种，占户外运动的68%（姚湘，2015）。

2.1.3 绳索公园的概念

通过查阅之前的相关研究，发现并无人提出绳索公园这一项目概念，过往研究几乎都将与绳索有关的各单项攀爬运动如登山、攀岩、溯溪等统称为绳索运动，而将围绕绳索本身的攀爬、下降、缠绕及横渡等相关户外休憩活动集成为某一专项娱乐项目，将其导入与之相关的自然场景中搭建构筑体，并引入专业经验指导协助他人有组织和有规律地在构筑体之间穿梭与运动，从而形成运动公园模式，属于对山地户外休闲运动的创新。绳索公园是指借

图2 户外探险活动　　　　刘明丽/摄

助人工搭建场地、自然环境中树木或岩壁等资源开展的活动项目，是在密林中或人工搭建的设施之间依靠锁链、绳梯等器械与体验者安全带有效连接的体验项目，项目涵盖以往丛林飞跃、冒险塔、冠层探险等绳索类项目的优点，是几乎所有自然条件下空中绳索运动的集合，绳索公园具有运动性、挑战性、趣味性、极限性等多方面特质，是一种新型山地户外旅游场所。我国自然资源丰富，有非常优质的开展户外运动的环境资源，非常适宜开发建设绳索公园（沈小苹，2015）。

2.2 国外相关研究现状

国外对于户外旅游的研究开始于20世纪60年代末70年代初，与绳索公园相关的项目随着登山、攀岩等山地运动的开展已经有很长的发展历史，特别是近几十年来，有关绳索的户外运动项目遍地开花，尤其是在欧洲、美国、澳大利亚等户外旅游相对发达的地区，高树探险、Zip Line、探险塔等空中项目有快速普及发展的趋势（齐震，2009）。法国安全防护用品品牌 Full Connexio 公司于1995年建成世界上第一座冒险树绳索探险乐园。随后的十多年间，冒险树已经在全球40多个国家建立起800多家树上绳索探险乐园，成为欧美最风靡的户外运动之一。1995年7月，法国阿尔卑斯建立首座树上探险公园（又称Adventreez类型公园），截至2000年法国已经建立了45座Adventreez类型公园。2005年在法国、英国、西班牙、意大利、瑞士和加拿大建立了超过350座Adventreez类型公园。2006年亚太地区的前三座Adventreez类型公园，分别位于新西兰、澳大利亚和巴厘岛。2010年在中国桂林市七星景区建立首座Adventreez类型公园。Adventreez类型公园线路将分别设计不同的难度等级，高度从2m到20m不等，参加者无论技能水平如何，均能按照自己的节奏初步安全地前进。无论参加者的灵活性和经验水平如何，均能参加Adventreez类型公园的活动（吴倩倩 等，2014）。每个人都可以从不同的线路中选择适合自己水平和年龄的线路，甚至挑战难度更高的线路。从4岁到70多岁的游客均能参加Adventreez类型公园的活动。

室内塔拓（TAOTOP）是美式室内极限运动，集运动、拓展、

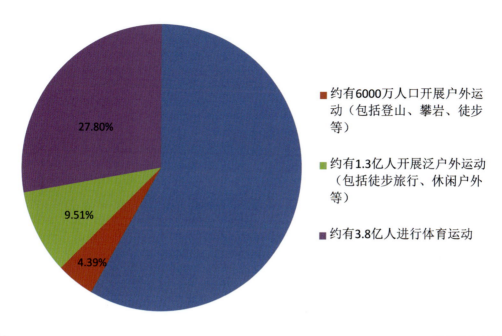

图3 户外运动人口分析　　　　　　　　　　　　　　　　　　　　　　　　　　数据来源：中国户外品牌联盟

冒险、娱乐、亲子等体验功能于一体。TAOTOP通过钢筋和自然条件结构以及多个游戏设施搭建而成，具备了高空探险、平衡训练以及攀爬体验等功能。塔拓高空项目目前由36个游戏项目组成，而这些组合结构后期可以变化和移动，从而形成新的游戏体验项目。其中比较典型的游玩项目有独木桥、梅花桩、曲线直线平衡走道，而这些高空体验项目都没有扶手。各个游戏有难度之分，是进阶性的。在高空环境中，人会因为高度紧张或恐惧，分泌肾上腺素和多巴胺，这是平时在健身中获取不到的效果（陶宇平，2012）。学者们认为塔拓带来的是健身体验，但又是高于健身的一种体验。另外消费者可以通过佩戴智能手环，在塔拓开发的游戏路线上，进阶性地训练耐力、胆量、速度和脑力。

国外对于相关绳索项目已制定出系列标准，如英国标准协会发布有运动和娱乐设施—攀升梯项目标准BS EN 15567-1:2015，美国实行实验和材料协会的空中冒险项目的标准。

2.3 国内相关研究现状

中国山地资源丰富，西部具有诸多享誉世界的高海拔山峰，是世界上第一山地大国，平原地区相对占有较小的国土比重，山地、丘陵和高原在全国分布十分广阔，在全国总土地面积中占很高的比例（李舒平，2009）。山地资源的合理开发和利用在我国的可持续发展战略实施过程中具有重要的积极作用。山地生态系统复杂，自然地理的差异性、文化生态的脆弱性等使山地利用和发展模式的选择与优化极为重要。丰富的山地资源是山地户外旅游的保障，更是利用和发展山地的重要方式。

由于我国自东向西、自北向南呈现了不同的地形地貌差异，无论气候、植被、景观、水文、地质，还是人文都形成了不同的特色，正是基于这种山川地貌、风土人情千差万别的特点，国家制定了"三纵三横"全国山地户外旅游战略布局，这无疑大大刺激了山地户外运动产业的发展，从相关数据来看，我国户外旅游热度已经进入向上攀升的高速发展期。

COA（中国户外品牌联盟）的调研结果显示：中国13.67亿人中有3.8亿人进行体育运动（占总人口的27.79%），有1.3亿人开展徒步旅行、休闲户外等泛户外运动（占总人口的9.5%），有6000万人进行登山、攀岩、徒步等户外运动（占总人口的4.38%）（齐震，2009）（图3）。

以山地户外旅游产业发展作为探讨的背景，山地户外旅游不仅囊括了狭义户外运动所包含的徒步穿越、

表1 国内目前开展山地户外旅游项目等级

参与难度等级	特点	项目
初级型	参与难度较低，参与人群广，海拔2000m以下，技术装备无特殊要求	趣味跑、迷你马拉松、群众性登山、人工岩壁攀岩、定向越野、徒步穿越、越野行走、拓展训练活动
中级型	有一定参与难度，部分运动项目海拔在2000～3500m，对参与者身体素质和装备有要求，运动项目难度不大	滑草、漂流、高原徒步、丛林穿越、山地自行车、直排轮滑穿越、丛林宿营、登山、半程马拉松等
高级型	参与难度大，部分运动项目海拔在3500～5000m，对参与者身体素质和装备有较高要求，参与运动项目需要训练基础	马拉松、已知洞穴探险、搭索过涧、溯溪、溪降、自然岩壁攀岩、岩降、攀石、攀冰、丛林觅食、滑索、大江大河源头探险、竞技山地自行车、蹦极
极限级	参与难度极大，部分运动项目海拔在5000m以上，对参与者的身体素质和装备有特殊要求，参与者必须经过专门训练	高海拔徒步或多日徒步（Backpacking）、高海拔登山与探险、传统大岩壁攀爬、未知洞穴探险、极限登山、翼装飞行（野外环境）、山地滑轮速降、山地滑板速降、滑翔伞、DH山地车

徒手及器械攀岩、洞穴探险、峡谷运动、水上运动（溯溪、速降、漂流、皮划艇等）、定向运动、野外生存、拓展训练、野外生存、攀冰、滑雪、登山、翼装飞行、小轮车、山地自行车等项目；还包括在户外环境中进行的集健身、旅游、娱乐于一体的户外休闲活动（包括高树探险、骑马、露营、动物观测、摄影等）（程蕉，2014）（表1）。

山地户外旅游规模目前虽然总体发展很快，但是产业基础较为薄弱，体系不够健全，中低端消费动力不足与高端消费外流并存，还存在多部门协同管理体制不健全、运营效率不高等问题。目前虽然户外活动众多，但专业性不强，许多山地户外旅游中技术设备和服务管理保障跟不上，特别是山地户外旅游中涉及使用绳索的项目还暴露了许多安全问题，随着近年来户外产业的发展和户外人口的增加，与绳索运动相关的商业项目悄然兴起，发展势头也较快，但目前国家并无明文确定专业的主管部门，所以该行业缺乏有效的管

理，也无相关的设计规范、施工、营运和安全标准，导致安全事故频发，而学术界对于绳索运动的研究几乎难以检索到，急需相关理论研究的支持（刘成香 等，2012）。本文作者对该项目已经持续进行了长达20年的关注与研究，撰写了绳索运动设计和安全规范与标准，目前已获得国家实用新型专利一项。四川旅游学院开设了相关的专业课程，培养的一批专业从业人员目前已经在多个户外公园的高空绳索项目中担任重要的职务。

3 绳索公园的类型特点

3.1 绳索公园的基本项目类型
3.1.1 探险塔

探险塔是一个汇集户外拓展、攀岩、飞狐等项目于一身的立体拓展综合体，是创新性的运动游乐设施，单层高度达5m，内部以晶体结构搭建架空层，有2～4个拓展层，打造500～1000m的空中游乐路线，其中

包含90个拓展项目，能供100～200个游客同时进行冒险（图4）。

3.1.2 绳网乐园

以自然树木或人工搭建的钢结构设施作为支撑，配备有绳桥、滑道、大型蹦床、走道和隧道，由航海和绳索专家用航海绳索和网搭建而成，是勇敢者的冒险乐园。

3.1.3 丛林穿越

在树林之间利用自然树木搭建平台，平台之间用钢索连接，游客通过滑索在林间穿梭。

3.1.4 水上飞网

建设主要依托于自然水体或人工游泳池。在水面上方3～5m处搭建蹦床，从而形成创新的立体戏水空间。

3.1.5 冠层探险

建设主要依托于自然林木。是集冒险、运动、娱乐、挑战于一体的户外运动项目。通过在林间设置并搭建各种难易程度不同、风格迥异、超强刺激的关卡课程，让参与者体验高空坠落与自由滑翔的快感，感受丛林攀爬与林间穿越的刺激。

图4 冒险塔晶状结构已获得国家专利　　　　　刘勇/摄

3.1.6 高空网阵

建设主要依托于峡谷、山崖等地形地貌，高空网阵属于临时性绳索项目，运营商通过短期搭建用于表演来聚集人气。

3.2 绳索公园的特点

3.2.1 绿色环保

绳索公园一般建在自然成长的树林中，在设计探险线路时，尽量根据原生态环境布局。在项目的建设和运营中，不会砍伐树木，也不影响树木的正常生长。

3.2.2 丰富的运动情感体验

绳索公园是一个充满冒险、挑战、趣味的户外活动场所，参与者由开始攀爬的好奇，到经历重重惊险刺激、跨越障碍阻挡，最终体验到惊奇、兴奋、高兴、愉悦、欢呼雀跃等积极情绪情感（黄继珍，2010）。这些丰富且积极的情绪情感不仅对人们的身心健康起促进作用，又能够增强人们主动参与的内部动机。

3.2.3 教育价值

绳索公园的线路分为不同的难度等级，每个等级攀爬的难易程度不同，项目类型的复杂程度也不同，高度从2m到20m不等，参与者在丛林间的重重穿越是不断挑战自我的充分体现。攀爬过程中，人们首先要克服恐高心理。在面对各种困难的时候，考验的是参与者是否具备勇敢、坚持和永不放弃的品质（高兴贵，2008）。

4 国内外研究案例

4.1 清迈丛林飞跃绳索公园项目简介

丛林飞跃的真正名称是Zip Line，它实际是一种滑索运动。清迈地处热带，四周高山环绕，一大片高海拔的热带雨林为滑索提供了绝佳的天然环境，严格来说，Zip Line也是一种极限运动。但与蹦极、低空跳伞以及徒手攀岩等众多极限运动相比较，在投入使用前要多次进行超过人体体重数倍的测试，是一种非常高保险的项目，也是一项老少皆宜的项目。

清迈经营丛林飞跃的公司主要有Skyline Adventure、Flying Squirrel、The Fight of Gibbon、Jungle Flight四家（Salome，2010）。

（1）Skyline Adventure

采用的设备是欧美进口的，设施的安全保障都很好，并且有清迈最长的48平台线路，包括28次飞跃、4次速降，其中有3次长距离飞跃——300m、400m和号称泰国最长的900m，飞行时速可以达到50km，飞跃的视野十分开阔，所以整个过程较为刺激（Shi et al., 2014）。

（2）Flying Squirrel

因其优越的环境设备和服务受到很多顾客的好评，特别是欧美游客，而且它还总结了之前各家丛林飞行项目的长处并综合在一起，推出了许多新鲜刺激的飞行项目，就连教练都是胆大到表演各种绝技——空中倒立走钢丝，还有空中滑板、空中自行车，趣味性比较强，适合亲子参加（Chamarro et al., 2009）。

（3）The Fight of Gibbon

是清迈第一家开设Zip Line的公司。这家之所以最出名，是因为该项目是一档真人秀节目《极速前进》的拍摄地之一。它的名字背后还有一个感人的故事，是为了投身公益，保护长臂猿等野生动物，这样的理念很受大家鼓励。值得一提的是这家丛林飞跃公司很有本地特色（图5），是唯一一家可以看到长臂猿的公司，途中还会安排一次野生动植物向导旅游，包括游览Mae Kampong瀑布及七层奇观（Mcknight et al.，2004）。

（4）Jungle Flight

坐落在泰国第五大高山Doi Lungka中，海拔1200m，是泰国滑索项目地理位置最高的公司。这里的丛林飞跃有两个不同的路线选择，路线A比路线B玩的项目更丰富，平台更多，而路线B没有那么刺激的项目，适合小孩和老人参加。

4.2 清迈丛林飞跃问题剖析

（1）丛林飞跃项目建设主要依托于自然树木，而项目所依托的树木有些每年都会持续增长，如不及时检查及更换依托树木，很有可能对安全系统造成伤害。

（2）清迈的丛林穿越线路过于复杂，很多线路交汇，各个平台节点都需要有工作人员来协调，故人工成本高，如果交汇平台工作人员疏忽，必会发生游客相撞的事故。

（3）清迈的大多数丛林穿越运营公司都没有工作人员操作手册及运营维护手册，故清迈丛林穿越的大多数工作人员的安全操作都不规范，很多安全设备老化、出现故障未及时更换，给游客的人身生命安全带来了很大的隐患。

4.3 成都麓湖冒险岛绳索公园简介

成都麓湖冒险岛疯狂丛林是自立陶宛原装引进的世界四大冒险乐园之一"UNO Parks"，在木桩上设置了覆盖5条不同难度的攀爬线路，

图5 泰国清迈丛林飞跃（The Fight of Gibbon） 刘明丽/摄

还有1条专业线路，外加长达106m的跨湖滑索及17m高的秋千跳游乐项目，打造出西南第一的障碍攀越冒险项目。"在自然中冒险"的经营理念，非常符合麓客岛生态野趣的定位。

项目包括2条儿童路线和4条成人路线。冒险障碍总数量是58个，在主题设计上力求更富吸引力；此外还有一条手工制作的儿童网状路线，紧邻湖边，专业团队在设计上投入了很多心血，以令其与自然充分相融。

成都麓湖冒险岛项目存在以下问题：

（1）麓湖冒险岛将项目按高度及完成中间节点的难易程度分为了6个难度等级：针对5~10岁儿童的黄色等级，针对青少年、身体素质一般的成年人的绿色等级，针对成年人的蓝色等级，针对身体素质较好的成年

人的红色及紫色等级，针对具备户外专业素质的黑色等级。虽然针对不同人群设置了不同等级的难度，但这6级的难度设置完全照搬欧洲户外运动发达国家的等级难度设置，未考虑到中国目前大众游客可接受的难度。

（2）麓湖冒险岛项目有一些关键节点设置并不合理，如安全保护绳索的高度过低，游客可能会划伤甚至割断脖子，个别平台的防撞设置不合理，游客很容易撞到柱子。

5 结论与建议

本文首次创新性地提出了绳索公园的概念，分析了绳索公园的类型和价值，绳索公园是由以运动、探险、挑战、娱乐、趣味、教育、绳索网阵和丛林探险运动等为特点的山地户外旅游项目聚合的创新性户外娱乐场所。以"体育+旅游"模式为特色的新兴户外运动项目快速增长，结合户外场景（自然、绿色、健康）和项目特征（冒险性、趣味性、益智性、多样性）的"绳索运动"将在未来山地户外旅游中蓬勃发展。而山地户外旅游项目具有很强的实操性和专业性，在丰富了全民健康生活的同时，部分活动还缺乏科学有效的引导，未有相关的行业标准和指导，这也导致山地户外产业发展面临困境。本文对清迈丛林飞跃绳索公园和成都麓湖冒险岛绳索公园进行案例研究，针对性地对两个不同类型的绳索公园进行了问题剖析，将最先进的绳索运动项目和传统户外运动结合起来，为山地户外旅游项目的发展提供一个集成的解决方向，力求创造既符合生态环保理念的特色体育公园户外运动项目，又具有市场发展潜力的大众健身休闲活动场所。希望总结经验，为"绳索公园"的设计标准和建设规范提供理论和数据支撑。目前绳索公园项目的设计和建设并无相应的国家和行业标准，而欧盟和北美对于相似的户外空中项目已经确立了较为完善的安全标准和器材使用标准，我国应该尽快出台相关的设计、建设、营运和安全器材标准，以利于绳索公园这一新型户外旅游项目快速健康地发展。

基金项目

2018年四川省教育厅人文社科（休闲体育产业）重点研究基地课题"青少年户外营地教育课程体系研究"，项目编号：XXTYCY2018A02；2018年度四川旅游学院校级科研机构项目"绳索公园设计规范及建设标准研究"，项目批准号：SCTUJ1808。

参考文献

陈佩,李晓晨,刘龙柱,2016.基于全民健身视角下大学生自行车锻炼行为和动机的研究[J].体育科技文献通报,24(6):109-111.

莫双瑗,彭发胜,2013.户外运动赛事对广西百色乐业县旅游业影响研究[J].成功(教育)(02):288-289.

罗露,周海澜,郑丽,2016.体育赛事推动体育旅游协同发展研究：以贵州遵义娄山关·海龙囤国际山地户外旅游挑战赛为例[J].体育科技文献报,24(5):35-37.

姚湘,2015.户外运动对生态环境的影响及其应对措施[J].文体用品与科技(2):171-173.

沈小苹,2015.户外运动对亚健康状态人群的影响[J].当代体育科技(4):40-41.

齐震,2009.论我国户外运动安全保障体系的构建[J].管理观察(4):190-192.

吴倩情,郑向敏,2014.我国户外运动安全事故分析[J].体育文化导刊(6):27-29.

陶宇平,2012.体育休闲与体育旅游风险管理研究[J].重庆大学学报,18(3):5-8,19.

李舒平,2009.户外运动的风险管理[M].广州：广东科技出版社.

齐震,2009.论我国户外运动安全保障体系的构建[J].管理观察(4):190-192.

程蕉,2014.澳大利亚阿尔卑斯山户外运动安全保障制度研究[J].体育文化导刊(07):24-27.

刘成香,刘林,2012.不同性别户外运动参与者行为动机研究[J].云南社会主义学院学报(3):301-302.

黄继珍,2010.对广州市女性参与户外运动的调查研究[J].广州体育学院报,30（2）:22-27.

高兴贵,2008.影响普通高校户外运动发展的因素与对策研究[J].陕西教育学院学报,24（2）:118-120.

SALOME L, 2010. The indoorisation of outdoor sports: an exploration of the rise of lifestyle sports in artificial settings[J]. Leisure studies, 29: 143-160.

SHI Z, YU L, ZHANG B, 2014. Dabie Mountain sports tourism project development location problems research under growth pole theory perspective[J]. Journal of chemical & pharmaceutical research, 44: 61-66.

CHAMARRO A, Ferernándezcastro J, 2009. The perception of causes of accidents in mountain sports: a study based on the experiences of victims[J]. Accident analysis & prevention, 41: 197-201.

MCKNIGHT D, TODD A, 2004. Comment on Abandoned mines, mountain sports, and climate variability: implications for the Colorado tourism economy[J]. Eos Transactions American Geophysical Union, 85: 79-79.

中国国家公园建设中相关游客不文明行为归类归因研究

Classification of Inappropriate Public Manners of Tourists in National Parks in China

文 / 徐倩文　付 冰　董二为

【摘 要】

2017年中共中央办公厅、国务院办公厅印发了《建立国家公园体制总体方案》，社会各界开始关注国家公园的研究，国家公园的发展逐渐成为新兴的研究领域。但是随着研究的深入，发现在国家公园的发展过程中出现了各种各样的问题，其中"游客不文明行为"是制约和限制国家公园发展的主要因素之一。本文梳理了游客不文明行为相关理论，同时对我国国家公园建设中游客不文明行为进行了归类归因研究，最后在对样本数据进行整理后，详细分析了我国国家公园游客不文明行为发生的具体状况及原因，并从实践角度提出了我国国家公园游客不文明行为管理的可行性建议。

【关键词】

国家公园；游客不文明行为；归类归因

【作者简介】

徐倩文　上海体育学院休闲体育学硕士，休闲与体育旅游研究中心助理研究员

付　冰　上海体育学院休闲学院博士研究生，沈阳城市学院酒店管理学院副院长，副教授

董二为　美国亚利桑那州立大学教授

图1 美国黄石国家公园　　　　　　　　　　　　　　　　　　　　　　　　　　　　　　　　吴必虎/摄

随着我国社会经济水平的不断提高，旅游业发展迅速。然而近年来，旅游活动中的游客不文明行为已经成为一种普遍现象，这种不文明行为给众多旅游景区带来巨大的负面影响。处在自媒体时代的国家公园游客不文明行为更容易被曝光在公众视野里，引发舆论探讨，同时人们越来越注重精神文明建设，而国家公园游客不文明行为却严重影响了游客形象、地域形象乃至国家形象。尽管社会各方都意识到了问题的严重性，但针对国家公园游客不文明行为的研究和相应的政策都还较为欠缺，这一问题应该引起足够的重视。

1 我国国家公园游客不文明行为相关理论概述

1.1 国家公园的定义

国家公园的概念最早来自美国，是对national park的直译，设立于1872年的美国黄石国家公园是世界上第一个国家公园（图1），150多年以来已经有100多个国家设立了1200多个规模、类型不同，且具有各自国家特色风情的国家公园。世界自然保护联盟2013年新修订的指南将国家公园表述为：大面积的自然或接近自然的区域，用以保护大尺度生态过程以及这一区域的物种和生态系统特征，同时提供与其环境和文化相容的精神享受、科学、教育、娱乐和参观的机会（Dudley，2013）。中国引入国家公园的理念时间较短，对国家公园的研究较少，唐芳林提出国家公园是由国家划定和管理的自然保护地，旨在保护有国家代表性的自然生态系统的完整性和原真性，兼有科研、教育、游憩和社区发展等功能，是实现资源有效保护和合理利用的特定区域（唐芳林，2015）。罗金华则认为中国国家公园是以具有中国区域代表性和典型性、生态完整性的高等级遗产地为资源依托，以保护为目的，提供限制性游憩、科研、教育活动等公共服务，由中央政府的专门权威机构整体保护、独立管理的特定区域（罗金华，2013）。吴承照、刘广宁提出各国的国家公园都是自然保护地体系中代表国家自然和文化核心特质的一类自然保护地（吴承照 等，2015）。尽管各国国家公园类型、风情都有所不同，但多以自然环境为依托和载体，以保护生态环境为目的，同时拥有多种人文社会功能。学者对其定义多重视对国家公园开发和保护之间关系的处理，提倡国家公园以保护自然为主，适当提供公共服务，强调生态保护的同时也重视其社会功能。

1.2 游客不文明行为的概念阐述

游客不文明行为不仅会给个人和社会带来不可磨灭的负面影响，甚至还会损害国家形象。学界基于各种视角对游客不文明行为有不同的定义。李萌、何春萍（2002）从游客不文明行为发生的场所出发，认为游客不文明旅游行为是游客在旅游景区、景点游览过程中所有可能有损景区景点环境和景观质量的行为；沈彩云（2017）则从游客不文明行为发生的原因出发将游客不文明行为定义为游客在旅游的过程中由于自我约束的弱化和责任感的淡薄自觉或不自觉地做出的与外部环境不协调的行为。胡传东（2008）、孟莉娟（2014）从多个视角出发，认为不文明旅游行为是旅游者在旅游活动中表现的介于正常、适当行为与违法、犯罪行为之间的，对旅游地资源、环境、居民、其他游客，甚至自身造成不良影响的行为。学者们对游客不文明行为概念的阐述多从引起游客不文明行为的产生原因、表现以及造成的影响等方面来进行。

表1 近5年国内旅游人次和收入统计

年份	国内旅游人次/亿人次	比上年增长	收入/万亿元	比上年增长
2014年	36.11	10.7%	3.03	15.4%
2015年	40	10.5%	3.42	13%
2016年	44.4	11%	3.94	15.2%
2017年	50.01	12.8%	5.40	15.1%
2018年	55.39	10.8%	5.97	10.5%

来源：中华人民共和国文化和旅游部官方网站 https://www.mct.gov.cn/.

1.3 我国国家公园游客不文明行为政策理论研究

国家文化和旅游部数据中心公布的2014—2018年的《中国旅游业统计公报》中的数据（表1）显示，2014—2018年国内旅游人次和收入都连年增长，旅游业发展态势良好。随着我国经济的发展、社会的进步，旅游已经越来越大众化，我国的旅游需求也越来越大。

近年来，关于我国游客不文明行为的报道越来越多，游客不文明行为带来的负面影响难以估量。国家越来越重视对游客不文明行为的治理，中央文明办和国家旅游局在2006年向全国征集"提升中国公民旅游文明素质建议"，同年10月出台《中国公民国内旅游文明行为公约》，2015年5月国家旅游局发布《游客不文明行为记录管理暂行办法》并公布首批全国游客不文明行为记录名单。2016年5月，根据《游客不文明行为记录管理暂行办法》的实施情况将其修订为《游客不文明行为记录管理暂行办法》。

而由国家政府部门在全国范围内统一管理的"国家公园"从2008年才刚刚起步，虽然起步较晚，但一直在不断探索的道路上——从党的十八届三中全会提出"建立国家公园体制"，再到《建立国家公园体制试点方案》的发布，党的十九大进一步提出"建立以国家公园为主体的自然保护地体系"，国家公园管理局于2018年4月10日正式挂牌。尽管我国国家公园起步晚，但国家一直在极力推进国家公园的发展。截至目前，我国启动了三江源（图2）、东北虎豹、大熊猫和祁连山等10个国家公园体制试点，涉及青海、吉林、黑龙江、四川、陕西、甘肃等12个省（自治区）。

国家公园不同于自然保护区也区别于一般的旅游景区，良好的生态环境对于国家公园而言不仅是其

图2 青海三江源国家公园　　　　　　　　　　　　　　　　　　　　　　　　图片来源：摄图网

吸引力所在，也是国家公园存在的重大意义。然而与国家公园游客不文明行为相关的管理规章制度的建设和研究依然存在空缺，国家公园游客不文明行为不仅会对个人产生不同程度的伤害，还可能导致旅游景区整体吸引力下降，旅游价值降低，威胁其可持续发展，甚至会破坏国家的整体形象。因此，对我国国家公园游客不文明行为进行归类归因研究是非常有必要的，必须意识到这个问题的严重性。

2 我国国家公园游客不文明行为归类研究

2.1 我国国家公园游客不文明行为分类

对我国国家公园游客不文明行为进行科学分类是非常有必要的，国内许多学者对国家公园游客不文明行为的分类都是基于游客不文明行为的研究而开展。沈彩云（2017）从游客自身原因出发将游客不文明行为分为游客自身道德素质低下、游客自身约束力差和游客自身无知而做出的不文明行为三大类。全千红等人（2017）根据游客的具体空间分布情况，将公园划分为公园服务区、餐饮烧烤区、娱乐嬉戏区和自然环境区进行游客行为观察分类。李萌和何春萍（2002）则以游客不文明旅游行为的主要表现，将游客不文明行为分为游客在景区游览过程中随意丢弃各种废弃物的行为和游客在游览过程中不遵守旅游景区（点）有关游览规定的违章活动行为。齐善鸿、焦彦、杨钟红（2005）根据行为对象，将不文明行为分为与他人交往的不文明行为、在公共场所的不文明行为、对环境的不文明行为三类。显然，学者对游客不文明行为的分类涉及多个层面和视角，却缺乏针对国家公园中游客不文明行为的具体分类。国家公园的主要功能之一是保护生态环境、保持物种多样性，而我国最为常见的国家公园游客不文明行为就是破坏生态环境，这与我国设立国家公园的目的相悖。国家公园游客不文明行为会直接破坏国家公园的自然环境和公共环境，甚至部分行为会对国家公园造成无法恢复的灾难性伤害。在我国国家公园体制尚未完全成熟之际，游客不文明行为给国家公园的管理工作带来巨大困难。国家公园游客不文明行为时常伴随许多安全隐患。本文在中国知网中以"国家公园"为关键词进行检索，共得到5399个结果，再从中筛选与游客不文明行为相关的论文进行研究，本文基于中国知网中100余篇对与国家公园游客不文明行为相关的文献资料的查阅和分析，结合国家公园的特征和实地调研的情况将国家公园中较为显著的游客不文明行为按照直接受损对象进行分类。

本文将直接受损对象主要分为自然资源、社会资源和管理工作三个大类，再进一步细分游客的不文明行为。通过在国家公园选取有不文明行为的游客进行观察和访谈，对其不文明行为进行统计，并计算出占总人数的百分比，以此分析不同受损对象的国家公园游客不文明行为发生频数情况（表2）。本研究收集数据共194份，其中完整、有效的数据有160份。

2.2 基于各类受损对象的我国国家公园游客不文明行为特征分析

2.2.1 自然资源

在对国家公园自然资源进行的游客不文明行为的调查中，对动物做出的不文明行为按照影响程度主要分为四小类。第一类是触摸、激怒动物等不文明行为。国家公园的生态环境较好，野生动物资源丰富。游客可能由于期望能够引起动物注意、获得回应、近距离接触动物等诸多原因而做出一些不文明行为。第二类是胡乱投喂动物。国家公园的动物多拥有自主捕食的能力，长期投喂将会影响其正常生存，多数游客缺乏投喂动物的专业知识，胡乱投喂将对动物造成恶劣的影响。第三类是追赶、袭击动物。例如2018年10月31日，厦门市中非世野野生动物园发生游客向鳄鱼投掷石块将鳄鱼头部砸出血的恶性事件。第四类是恶意捕杀动物。这将给动物造成无法挽回的伤害。国家公园中植物资源也极其丰富，游客不文明行为主要有踩踏草坪、另辟蹊径，摘折、攀爬植物两类。在草坪上行走、坐躺、奔跑、露营等行为都会对植物造成一定伤害，而更为严重的是摘折和攀爬植物，这将给植物造成无法修复的损伤。国家公园中除了多样的动、植物还有其他的自然资源，针对对其他自然资源的游客不文明行为主要分为乱刻乱画和私自带走自然资源，其中刻"XX到此一游"的印记发生频率最高（图3），私自带走动植物、石头、土壤、水等各种自然资源等行为也较为常见。

由表2可以看出，在针对国家公园自然资源的游客不文明行为中，发生频率较高的依次是踩踏草坪、另辟蹊径，胡乱投喂动物，触摸、激怒动物和摘折、攀爬植物这四个小类，在今后的研究中要重点关注这几类游客不文明行为，并提出改造建议。其次是追赶、袭击动物和乱刻乱画的现象较为严重，两类都占到了样本总量的25%左右。

2.2.2 公共资源

国家公园有别于一般的旅游风景区，但和旅游风景区也存在一些共同之处，国家公园也具备公共资源的属性。关于国家公园公共资源的游客不文明行为主要包括对公共设施做出的游客不文明行为和对公共环境做出的游客不文明行为，针对公共设施的主要是攀爬栏杆、踩踏座椅和损坏标牌、破坏厕所等公用设施两个大类。后者较前者破坏程度更大，修复成本更高，带来的影响也更为恶劣。在公共环境中诸如乱丢果壳纸屑、随地吐痰、乱吐口香糖、在非吸烟区吸烟等都属于破坏公共卫生的行为；大声喧哗则包括大声接打电话、大吼大叫

表2 国家公园游客不文明行为分类

受损对象		不文明行为	人数/个	占总人数的百分比/%
国家公园中的自然资源	动物	①触摸、激怒动物	83	51.58
		②胡乱投喂动物	106	66.25
		③追赶、袭击动物	46	28.75
		④恶意捕杀动物	21	13.13
	植物	①踩踏草坪、另辟蹊径	138	86.25
		②摘折、攀爬植物	77	48.13
	其他	①乱刻乱画	41	25.62
		②私自带走自然资源	35	21.86
国家公园中的社会资源	公共设施	①攀爬栏杆、踩踏座椅等	81	50.63
		②损坏标牌、破坏厕所等	95	59.37
	公共环境	①破坏公共环境卫生	143	89.38
		②大声喧哗	122	76.25
		③脱衣服裸露、脱鞋袜等	21	13.12
		④违章野炊露营	6	3.75
		⑤随地鸣笛、停车等	12	7.5
国家公园中的管理工作		①插队、拥挤	69	43.13
		②套票、逃票等	44	27.5
		③打骂工作人员	25	15.63

图3 北京八达岭长城墙体上有各种"刻字"　　　　姜丽黎/摄

等；而随地鸣笛、停车等行为涉及交通；脱衣服裸露、脱鞋袜等行为也发生得比较多，且一旦发生影响恶劣；还有一类是违章野炊露营，占用公共环境野炊露营不仅破坏了公共环境，也对自然环境中诸如水、空气、土壤等资源造成极大破坏。

表2显示，在对国家公园公共资源做出的游客不文明行为中，发生频率最高的是破坏公共环境卫生，占样本总量近90%，大声喧哗这种游客不文明行为占样本总量的76%以上，说明这两类游客不文明行为在国家公园发生的频率极高。有过对公共设施两小类做出不文明行为的游客数量也较多，这方面必须予以重视。

2.2.3 国家公园管理工作

国家公园一般面积较大，对国家公园中的自然资源和设施设备的维护和管理需要耗费巨大的人力、物力、财力。与一般的自然保护地相比，国家公园范围更大、生态系统更完整、原真性更强、管理层级更高、保护更严格，突出原真性和完整性保护，是构建自然保护地体系的"四梁八柱"，在自然保护地体系中占有主体地位。而保护意识和行为的产生往往是破坏的行为结果倒逼出来的，游客诸多不文明行为无疑会加大国家公园管理工作的难度。

对国家公园管理工作造成影响的游客不文明行为主要有插队、拥挤，套票、逃票等，打骂工作人员三个小类。表2显示，发生频率最高的是插队、拥挤，占样本总量的43.13%，其次是套票、逃票。国家公园管理者应进一步加强游客行为引导及管理工作，促进国家公园发展。

3 我国国家公园游客不文明行为归因分析

做出国家公园游客不文明行为的原因多种多样，常常是多种因素综合影响的结果。陈品冬和陈宇（2018）根据不同行为对象将旅游者不文明行为产生的原因分为个人因素（包括常状态下惯性行为的延续和匿名状态下道德底线的下降）和行业管理因素（包括旅行社管理、景区管理和社会文化因素）。于瑞瑞（2016）认为游客做出不文明行为的原因主要是：缺少具体的法律措施来规范游客行为，旅游景区的监督机制不完善，游客对自身的不文明行为没有正确的认识。王颖（2018）则将导致游客不文明行为出现的原因分为主观原因和客观原因，其中主观因素包括环保、生态意识不强，道德素质较低和道德感弱化，客观因素包括旅游管理不完善，服务不到位和导游、领队没有发挥积极作用。学者对于产生游客不文明行为的原因分析涉及多个层面多个视角，却缺乏针对国家公园游客不文明行为的具体归因。本文在对国家公园游客不文明行为做归类研究的基础上，充分调查我国国家公园游客不文明行为，将引起国家公园游客不文明行为的原因按照主观和客观进行数据统计和分析（表3）。

3.1 我国国家公园游客不文明行为产生的主观原因

我国国家公园游客不文明行为主观原因可以分为个人行为原因和游客心理原因。游客不文明行为是一种人类行为，做出这种行为有可能是因为游客自身素质不高，日常行为习惯不良，到了国家公园以后也会延续这种习惯；也有可能是因为游客到了国家公园以后，由于处于"匿名状态"，社会责任感和道德约束力下降。游客心理方面，由于部分游客可能觉得某些不文明行为是不能去做

表3 国家公园游客不文明行为的原因

原因分类		具体原因	描述	人数/个	占总人数的百分比/%
主观原因	个人行为	日常行为习惯的延续	游客自身素质低下，是平时行为习惯的惯常表现	129	80.62
		非惯常环境松懈	游客在非惯常环境、匿名状态下思想较为松懈，道德感弱化	67	41.8
	游客心理	从众心理驱使	跟随其他游客行动	100	62.5
		猎奇心理驱使	为满足自己的好奇心	66	41.25
		求异心理驱使	吸引他人眼球	23	14.37
客观原因	管理不善	国家公园规划不合理	景区规划不当，相应设施设备不齐全	108	67.5
		旅游中间商管理不当	相关人员缺位失职，不阻止甚至带领游客进行不文明行为	55	34.37
		国家公园管理人员工作不到位	景区管理人员工作缺位，缺乏引导性、劝阻性的意识和行动	84	52.5
	社会文化	文化差异	各个地区存在文化差异，游客未做到入乡随俗	91	56.87
		网络低俗文化	部分游客不文明行为在网络上备受吹捧，游客故意而为之以赚取流量	45	28.125

的，但是看到其他游客做了自己也就跟随着做了，本文将其归纳为从众心理原因；还有少数游客抱着满足自己好奇心，发现和探索新鲜奇异事物而做出不文明行为，本文将其归纳为猎奇心理原因；另外还有部分游客纯粹是为了凸显自己、让自己显得与众不同、更加独特而故意做出不文明行为，本文将其归纳为求异心理原因。

从表3中可以看出，在两类"个人行为"原因中，认为"日常行为习惯的延续"导致游客不文明行为的人数较多，占样本总量的八成，有四成受访者认为"非惯常环境松懈"是造成国家游客不文明行为的原因。在"游客心理"原因方面主要是"从众心理驱使"较为突出，其次是"猎奇心理驱使"和"求异心理驱使"。这要求国家公园的管理人员真正了解游客所需，尽可能地满足游客需求。

3.2 我国国家公园游客不文明行为产生的客观原因

我国国家公园游客不文明行为客观原因分为管理不善和社会文化两方面。首先，管理不善包括国家公园前期规划不当、国家公园设施设备设施建设不合理等，例如游览路径设计不符合游客需求，可能导致游客踩踏草坪、另辟蹊径。此外，也包括旅游中间商管理不善，旅游中间商相关人员缺位失职，对游客缺少应有的游览注意事项的教育和提醒，领队、导游服务能力欠缺等都将引起国家公园游客不文明行为，不阻止甚至带领游客做出不文明行为。国家公园管理人员的管理不善，例如缺乏引导性、劝阻性的意识和行为，服务和管理能力不足也会引发国家公园游客不文明行为。

从表3中可以看出，多数人认为国家公园规划不合理和文化差异是导致游客不文明行为的原因。国家公园管理人员工作不到位是另一个重要原因，认为网络低俗文化和旅游中间商是导致国家公园游客不文明行为发生原因的人只占少数。

4 我国国家公园游客不文明行为管理建议

4.1 满足游客需求，提升游客自身素质

本文在分析发生频率较高的多数游客不文明行为及其原因时发现，游客作为国家公园的旅游主体，在国家公园中做出不文明行为究其原因多是个人需求得不到满足。因此从游客自身出发，满足游客游览过程中的物质需求、生理需求和心理需求是非常有必要的。国家公园管理人员可以在保护生态环境的前提下，合理规划开发，建设基础设施，设计科学合理的

游览路线。同时可以出售特色纪念商品,并引导游客不私拿自然资源。游客自身素质也需要提高,自觉学习相关的知识和注意事项并养成良好的行为习惯,时刻注意自己的言行,严格要求自己,不为满足一己私欲而在国家公园做出不文明行为。

4.2 加强旅游中间商相关人员的服务意识和服务能力

本文研究发现,在国家公园游客不文明行为归类归因中,国家公园和旅游中间商相关管理、服务人员都扮演了及其重要的角色。国家公园和旅游中间商相关管理、服务人员意识不足、能力欠缺等可能会提高插队、拥挤、套票、逃票以及打骂工作人员等国家公园游客不文明行为发生的概率和频率。因此,今后要加强对国家公园和旅游中间商相关管理、服务人员的培训,提升对国家公园的认识,对国家公园相关规章制度的了解,提升其服务意识和服务能力,为游客提供高品质服务的同时积极引导游客文明游览。

4.3 完善国家公园相关管理机构的相关制度

国家公园游客不文明行为中,国家公园相关管理机构扮演了很重要的角色,许多游客不文明行为都源于管理不善。如游客胡乱投喂动物、踩踏草坪、另辟蹊径、破坏公共卫生、大声喧哗等较为突出的问题应重点解决,在考虑到游客的真实需求、尽可能满足游客合理需求的基础上,也应制定相关管理规章制度、奖励机制和惩罚措施,加重惩罚力度,提高游客进行不文明行为

的成本。保证国家公园的基础设施建设,增设知识类标识和柔性劝导性标识,科学设计游览路线,强化游览路线的规划和建设等。同时要加强对国家公园的宣传,让游客了解国家公园,保护生态环境,提升游客保护环境的意识。举办有关游客文明行为的活动,让游客积极参与,获得文明行为带来的良好体验等。

4.4 重视国家公园安全保障问题

本文对我国国家公园游客不文明行为归因归类进行研究,发现国家公园游客管理中存在安全隐患问题,且在国家公园的自然资源、公共资源和管理工作中都有所体现,这可能是引起国家公园游客不文明行为的重要原因。因此,可向游客提供相关宣传册、地图、GPS等引导工具,使游客明确国家公园可进入区域和相关注意事项。加强对游客的安全保护,尽最大可能确保游客的人身、财产安全。建设相关设施、提供有效防护工具、组建安全救援队等也都是非常有必要的。

综上所述,针对我国国家公园游客不文明行为想要做到标本兼治并非一个短期工程,而是一项复杂的系统工程。随着我国政治、经济、文化、社会各方面的发展,国家公园也将在未来获得良好的发展空间。今后,在国家公园的建设中要重视游客自身素质的提升和安全保障,加强国家公园的管理工作,认真制定并贯彻执行国家公园相关政策,集各方努力促进国家公园的发展。期望本文能给国家公园游客管理工作带来一些启发,使我国国家公园

游客不文明行为得到有效治理。

参考文献

陈品冬,陈宇,2018.旅游者不文明行为原因及对策探讨[J].黑河学院学报(9):66-67.

胡传东,2008.旅游者道德弱化行为的推拉因素与形成机制[J].重庆师范大学学报(5):96-100.

李萌,何春萍,2002.游客不文明旅游行为初探[J].北京第二外国语学院学报(1):26-28.

罗金华,2013.中国国家公园设置及其标准研究[D].福州:福建师范大学.

孟丽娟,2014.关于不文明旅游行为的原因及对策研究[J].中小企业管理与科技(3):169-170.

齐善鸿,焦彦,杨钟红,2005.我国出境旅游者不文明行为改变的策略研究[J].人文地理(5):112-112.

全千红,王婧,沈苏彦,2017.老山国家森林公园游客不文明行为研究[J].绿色科技(13):223-225.

沈彩云,2017.关于我国游客不文明旅游行为的研究[J].旅游纵览(1):61-63.

唐芳林,2015.国家公园定义探讨[J].林业建设(5):19-24.

唐芳林,2018.中国国家公园发展进入新纪元.[EB/OL].http://www.forestry.gov.cn/portal/main/s/4044/content-1089035.html.

王颖,2018.旅游不文明行为的成因及对策[C]//中国旅游研究院.2018中国旅游科学年会论文集.北京:北京大学出版社.

吴承照,刘广宁,2015.中国建立国家公园的意义[J].旅游学刊(30):14-16.

于瑞瑞,2016.旅游景区不文明行为约束机制研究[J].西昌学院学报(28):75-77,95.

DUDLEY N, 2013. Guidelines for applying IUCN protected area categories[M]. Gland, Switzerland: IUCN.

中国滑雪者滑雪旅游动机、制约因素及目的地选择研究

Motivation, Constraints and Destination Selection of Chinese Skiers

文 / 方琰　吴必虎

【摘　要】

深入了解和掌握滑雪者需求对中国滑雪旅游发展具有重要意义。本文聚焦中国滑雪者和潜在滑雪者，通过问卷调查获取第一手数据，探究其滑雪旅游动机、制约因素及选择目的地时考虑的因素，并揭示人口特征和滑雪经验对于滑雪旅游目的地选择的影响。研究表明，中国滑雪者和潜在滑雪者的旅游动机较为一致，主要为休闲娱乐、身体锻炼、与家人和朋友共度欢乐时光。虽然娱乐活动的丰富性和雪道类型是我国滑雪者/潜在滑雪者选择滑雪场时主要考虑的因素，但优质的服务、良好的设施是影响滑雪者滑雪次数和是否购买雪票的重要因素。我国潜在滑雪者转化为滑雪者的可能性大，主要制约因素仅为外部因素，如居住地附近没有合适的滑雪场、滑雪旅游产品价格等。

【关键词】

滑雪旅游；滑雪场；动机；目的地选择；制约因素

【作者简介】

方　琰　北京体育大学体育休闲与旅游学院博士后

吴必虎　北京大学城市与环境学院旅游研究与规划中心主任、教授、博士生导师

1 导言

滑雪旅游是运动旅游的一种，包含滑雪运动与参观旅游，如参与滑雪运动、观赏滑雪赛事、参观与滑雪相关的景点及建筑物的旅游（Turco et al., 2002; Higham et al., 2009）。国外大众滑雪旅游于20世纪六七十年代兴起并迅速发展（Hudson et al., 2015），目前已有67个国家建有室外滑雪场，总数为2113家，每年吸引约4亿的滑雪人次（Vanat, 2018）。滑雪旅游产业对经济发展起着重要作用，它既能为地区提供就业机会，又能拉动当地经济发展。以加拿大魁北克省为例，2014—2015年滑雪季共有588万滑雪人次，滑雪旅游收入为7.77亿美元，创造了12000个直接就业岗位（Quebec Ski Areas Association, 2015）。

随着2022年冬奥会的推进以及国家层面利好政策的持续推出，中国滑雪旅游近年来呈快速发展趋势，成为最新崛起的滑雪旅游目的地，无论是滑雪场数量还是年滑雪人次，均跻身世界前列。截至2018年底，我国滑雪场数量达742个，全年滑雪人次为1970万（伍斌 等，2019）。基于庞大的滑雪人次和市场规模，中国已被认为是全球主要滑雪市场之一，年滑雪人次将很快超过一些拥有成熟滑雪市场的国家，如加拿大（年滑雪人次约1900万）和瑞士（年滑雪人次约2120万）（Vanat, 2017）。虽然中国总滑雪人次位于世界前列，但滑雪者占总人口的比例仅为0.4%，远远低于其他主要滑雪国家，如瑞士（37%）、法国（13%）、日本（9%）、美国（4.3%）（Vanat, 2014）。相关研究指出，我国96%的非滑雪旅游人口对滑雪运动/冰雪风光感兴趣（孙东喜, 2015），表明我国滑雪旅游市场尚未成熟，拥有巨大的潜在滑雪需求市场。因此，我国大众滑雪旅游市场发展需从两方面着手：吸引潜在滑雪者参与滑雪运动，并保证一次性体验用户到滑雪爱好者的转化率；提高现有滑雪者对滑雪运动的参与度和忠诚度。而以上两个要点的实现基础在于充分了解滑雪者/潜在滑雪者的需求，以便滑雪旅游目的地为滑雪者提供相应及满意的产品和服务。然而国内关于滑雪旅游的研究主要集中在供给侧，如滑雪旅游资源评估及开发（张葳 等, 2015）、滑雪度假区建设（王飞 等, 2017）等，对滑雪者需求的关注仍不够。中国滑雪者参与滑雪旅游的阻碍因素、滑雪旅游动机及滑雪旅游目的地选择的影响因素等诸多重要问题有待探讨。

本研究将滑雪旅游界定为参与滑雪运动的旅游，聚焦中国现有滑雪者和潜在滑雪者群体（非滑雪人口中愿意尝试滑雪运动的人群），采用问卷调查法进行实证研究，主要探讨以下4个问题：中国滑雪者/潜在滑雪者参与滑雪运动的动机是什么？受何种因素制约？选择滑雪场主要考虑的因素是什么？人口特征和滑雪旅游经验是否会对滑雪场的选择造成影响？

2 研究设计

问卷调查法是以实证主义为方法论的量化研究方法，主要通过问卷发放、回收及相关统计分析得出研究结果。该方法能较好地测量人们的特征、行为和态度等（袁方 等, 2004）。本研究中滑雪者的调查问卷由三部分组成：①背景资料，主要明确被访者基本人口统计特征；②滑雪习惯和行为特征，主要了解被访者过往滑雪经历及消费特征；③核心问题，滑雪者参与滑雪运动的动机及选择目的地的考虑因素。关于潜在滑雪者的问卷，一方面删除"滑雪习惯和行为特征"这部分内容，另一方面增加"参与滑雪旅游的制约因素"。问卷设置为半结构型，允许滑雪者填写其认为除已有测度指标之外的其他因素。问卷中关于滑雪旅游动机、制约因素及目的地选择的相关问题设置均采用5级利克特量表量化，题项设置详情如下：

（1）滑雪旅游动机。休闲运动参与动机主要与生活压力、人际关系、个人能力、生活杂务和情绪等相关（Iso-Ahola et al., 1982），具体可分为五类：运动带给参与者的快乐、放松和兴奋的感觉；健康及身体锻炼的需求；在运动时获得友谊及实现社会交往；运动可以调整情绪，帮助舒压、发泄和放松；运动具有获得成就和自我实现的作用。基于旅游动机和运动参与动机的相关文献（Iso-Ahola et al., 1982; 袁焰, 2006; 林志成, 2011; 孙东喜, 2015），将滑雪旅游动机分为逃离/休闲、身体锻炼、冒险刺激、社交、社会认可、成就感等六个维度，包括19个测度指标（表1）。

（2）潜在滑雪者的制约因素。现有旅游制约研究主要基于休闲制约理论，Jackson（1988）将制约

表1 滑雪旅游参与动机

逃离/休闲	暂时摆脱生活、工作压力	社交	与家人和朋友共度欢乐时光
	休闲娱乐		和其他滑雪者交流
	暂时从日常琐碎生活中抽离出来		会见及认识新的滑雪者
	欣赏自然风光	成就感	学习并提高滑雪技术
	亲近大自然		享受挑战自我的乐趣
社会认可	当别人知道您会滑雪时,您会产生优越感		实现自我价值
	乐意向他人展示您会滑雪		获得成就感
	您认为滑雪能使别人留下深刻的印象		获得尊重
冒险刺激	享受未知和冒险	身体锻炼	锻炼身体,提高身体素质

表2 潜在滑雪者阻碍因素

个人内在制约	结构性制约	人际间制约
对滑雪运动完全不感兴趣	滑雪装备和服装太贵	伴侣对滑雪不感兴趣
害怕受伤	缺少花费少、全包的滑雪旅游产品	找不到合适的人一起滑雪
滑雪比其他运动更难掌握	雪道太过于拥挤	滑雪是一项精英/贵族运动
身体状况不允许	购买/租赁滑雪装备过于麻烦	朋友/家庭成员没有足够的可自由支配收入
不喜欢寒冷	居住地附近没有合适的滑雪场	朋友/家庭成员没有足够的闲暇时间
害怕乘坐缆车	适合滑雪的天气较少	朋友/家庭成员不带您参与滑雪
恐高	—	害怕在朋友/家庭成员面前出丑
滑雪运动过于危险	—	部分家庭成员年龄太小
担心年龄太大无法掌握滑雪技能	—	—
热衷于其他休闲娱乐活动	—	—
预期花费过高	—	—
没有足够的可自由支配收入	—	—
没有足够的闲暇时间	—	—

定义为导致个体无法参与休闲活动的任何因素与原因,而Henderson(1991)认为休闲制约是指影响个体参与休闲活动、参与程度及满意度的因素。从本文的研究内容出发,将滑雪制约因素界定为导致潜在滑雪者未能参与滑雪旅游的各种因素。基于Crawford、Jackson和Godbey(1991)的休闲制约阶层模型与Gilbert和Hudson(2000)滑雪活动制约模型,将潜在滑雪者的阻碍因素划分为三类:个人内在制约、人际间制约、结构性制约,包括27项阻碍因素(表2)。

(3)选择滑雪场的考虑因素。游客选择目的地的意愿反映目的地开发和运营的市场绩效,是衡量旅游目的地竞争力的重要指标。Klenosky、Gengler和Mulvey(1993)指出影响滑雪者选择滑雪场的因素主要为六个方面:雪道类型及坡度的多样性、积雪条件、社交氛围、节省时间(如滑雪场临近居住地)、节约费用、当地文化。此外,丰富的娱乐活动也是吸引滑雪者的重要因素(Dickson et al., 2007)。基于我国滑雪旅游发展阶段及特点(如人工造雪依赖程度高,初级滑雪者约占80%),本文将影响滑雪场的选择因素分为雪道类型、积雪条件、设施及服务、交通条件、娱乐活动多样性、雪票价格、家人/朋友影响等七个方面,包括14个测度指标(表3)。

本文研究群体锁定在现有滑雪者和潜在滑雪者,采取便利抽样方法,利用互联网进行全国性大样本数据的收集。由于网络问卷的设定(问卷填写不完整便无法提交),回收的问卷不存在数据缺失的问题,因此本研究主要根据三个标准来判

表3 选择滑雪场的考虑因素

交通条件	与居住地的距离	雪道情况	雪道不拥挤
	交通可达性		有专家级雪道（双黑道）
设施及服务	优质的服务		有中高级雪道（蓝道和黑道）
	良好的设施（如住宿）		有初级雪道（绿道）
娱乐活动	除滑雪之外的娱乐活动丰富（如泳池、温泉等）	积雪条件	人工造雪能力强（如完善的人工造雪系统）
	开展夜间滑雪活动		积雪质量
家人/朋友影响	朋友/家人经常去那儿滑雪	雪票	雪票价格

表4 信度检验指标

滑雪者问卷		潜在滑雪者问卷	
变量	Cronbach α	变量	Cronbach α
滑雪动机	0.806	滑雪动机	0.908
选择滑雪场的考虑因素	0.672	阻碍因素	0.859
—	—	选择滑雪场的考虑因素	0.815

表5 中国滑雪者人口特征

性别	样本数	百分比/%	月平均收入	样本数	百分比/%
男	350	47.43	5000以下	195	26.42
女	388	52.57	5000~9999	276	37.4
年龄	样本数	百分比/%	10000~20000	183	24.8
18岁以下	3	0.41	20000以上	84	11.38
18~30岁	396	53.66	常住地	样本数	百分比/%
31~44岁	243	32.92	西北	78	10.57
45~64岁	96	13.01	西南	21	2.85
65岁及以上	0	0	华南	39	5.28
文化程度	样本数	百分比/%	华中	33	4.47
初中及以下	0	0	华北	423	57.32
高中或中专	102	13.82	华东	84	11.38
大专或本科	381	51.63	东北	60	8.13
硕士及以上	255	34.55	—	—	—

定无效问卷：①规律性地填写或存在互相矛盾之处。②问卷填写时间长度过短。根据两份问卷题目数量，将滑雪者问卷的填写时间设定在2分钟及以上，潜在滑雪者问卷的填写时间设定在1分钟及以上。若填写时间短于这个设定，便作为无效问卷剔除。③针对潜在滑雪者问卷，设置的第一个问题是询问其是否愿意尝试滑雪运动，以便将不愿意尝试滑雪运动的问卷剔除，聚焦于本文的研究对象——愿意尝试滑雪运动的非滑雪者。

最终，滑雪者问卷回收762份，有效问卷738份，有效率为96.85%；非滑雪者问卷回收1341份（不愿意尝试滑雪运动的问卷189份），潜在滑雪者的有效问卷1149份，有效率为85.68%。为了验证调查问卷的某一组评价项目是否具有内在一致性，本文采用最常用的信度检验方法——Alpha信度系数法进行检验。Cronbach α值（0-1）越大，问卷项目内部一致性可信度越高。一般而言，Cronbach α>0.6，量表的信度即可接受；若Cronbach α>0.7，则具有高度的内在一致性(Hair et al., 1998)。本研究信度检验通过SPSS 23.0完成，各变量的Cronbach α均大于0.6（表4），表明各变量测量题项的内部协调性较好，调查问卷具备可靠性和稳定性。

3 研究结果

3.1 样本特征

我国滑雪者的人口特征见表5，该调查样本的属性特征与《冰雪蓝皮书：中国滑雪产业发展报告（2017）》

（孙承华 等，2017）的滑雪者调研样本差别甚微，表明本样本具有较好的代表性。从表5来看，女性份额略高，占52.57%；主流滑雪人群的年龄段以18～30岁（53.66%）和31～44岁的中青年为主（32.92%）。国内滑雪者受教育程度较高，大专以上学历占86.18%，其中硕士及以上学历为34.55%；与学历分布相对应，被试者的收入水平与社会总水平相比偏高，月平均收入少于5000元的仅占26.42%，而月平均收入为5000～9999元和10000元及以上的比例接近，分别占37.4%和36.18%；从常居住地来看，涵盖了全国所有区域，表明本研究具有全国代表性，其中华北区域比例最高，占57.32%，这与目前我国滑雪人次分布情况一致（2017年华北区域滑雪人次位列全国第一，比例为33.1%）。可见，我国滑雪人群具有偏年轻化、收入较高、受教育程度偏高的特点。

从表6的潜在滑雪者人口特征来看，女性份额仍偏高，占62.4%，表明我国女性群体对滑雪旅游关注度更高；潜在滑雪人群与现有主流滑雪人群的年龄段一致，以18～30岁（59.53%）青年和31～44的中青年为主（29.5%），同时65岁及以上的样本缺失，表明我国老年群体参与滑雪旅游的意愿较小（在潜在滑雪者问卷回收时，65岁及以上的样本有12份，但因其均不愿意尝试滑雪运动而作为无效问卷被剔除）。

与滑雪者相同，潜在滑雪者受教育程度较高，大专/本科以上学历占98.96%，其中硕士及以上学历为51.96%。然而潜在滑雪者收入水平较现有滑雪者较低，月平均收入

表6 中国潜在滑雪者人口特征

性别	样本数	百分比/%	月平均收入	样本数	百分比/%
男	432	37.6	5000以下	447	38.9
女	717	62.4	5000~9999	369	32.11
年龄	样本数	百分比/%	10000~20000	261	22.72
18岁以下	6	0.52	20000以上	72	6.27
18-30岁	684	59.53	常住地	样本数	百分比/%
31-44岁	339	29.5	东北	51	4.44
45-64岁	120	10.44	华东	327	28.46
65岁及以上	0	0	华北	396	34.46
文化程度	样本数	百分比/%	华中	93	8.09
初中及以下	3	0.26	华南	114	9.92
高中或中专	9	0.78	西南	123	10.7
大专或本科	540	47	西北	45	3.92
硕士及以上	597	51.96	——	——	——

少于5000元及5000～9999元的，分别占38.9%和32.11%。这表明经济因素可能是阻碍其参与滑雪旅游的重要因素；从常居住地来看，涵盖了全国所有区域，表明问卷统计具有全国代表性，其中华北区域比例最高（34.46%），其次为华东（28.46%），这与吴必虎和党宁（2014）通过结合滑雪旅游潜力指数和滑雪旅游阻力指数所得出的滑雪旅游一级综合潜力市场结论一致。

3.2 滑雪动机

我国滑雪者和潜在滑雪者的滑雪旅游参与动机基本一致（图1），主要参与动机为休闲娱乐，其他重要动机还包括与家人和朋友共享欢乐时光、锻炼身体与亲近大自然。室外滑雪场主要分布在山区，且多在风景优美的国家公园，如班夫国家公园的Lake Louies滑雪场（图2），迷人的自然风光成为吸引滑雪者的重要因素。滑雪者和潜在滑雪者在"成就感"及"社会认可"这两个维度的动机得分均较低。虽然"社交"维度中"与家人和朋友共享欢乐时光"得分较高，但其他的得分较低（如"会见及认识新的滑雪者"和其他滑雪者交流"），这表明我国滑雪者/潜在滑雪者将滑雪旅游更多地视为一种"熟人"社交的娱乐活动。

相比而言，滑雪者"喜欢滑雪运动的刺激"动机得分明显高于潜在滑雪者，而潜在滑雪者的"欣赏自然风光"的动机高于滑雪者。该差异形成的可能原因在于潜在滑雪者尚未

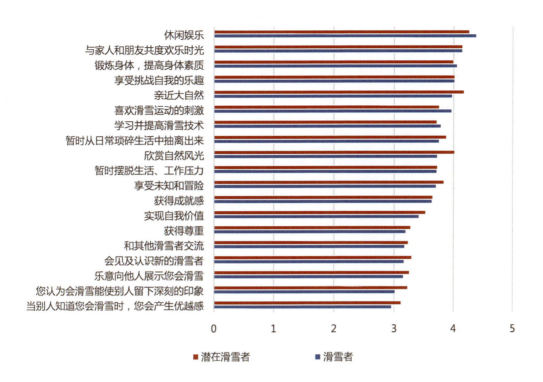

图1 中国滑雪者和潜在滑雪者的滑雪动机

真正参与滑雪运动，缺乏滑雪旅游的真实体验。

3.3 制约因素

图3展示了阻碍我国潜在滑雪者参与滑雪旅游的因素。其中，"居住地附近没有合适的滑雪场"被认为是最重要的阻碍因素。主要原因在于：①我国滑雪场地理分布不均匀，主要分布在北方（东北、华北及西北），占72.30%，而滑雪需求较为旺盛的华东地区的滑雪场总数及优质滑雪场数量较少。②城郊滑雪场离市区较远，对于没有私家车的潜在滑雪者较不方便。相关研究表明交通可达性是我国滑雪者选择滑雪场的重要影响因素（孙承华 等, 2017）。私家车可扩大居民出游半径；反之，没有私家车以及公共交通便捷度低将限制其出游半径。③信息传播及接收受阻。滑雪旅游近年来才在中国快速发展，系统展示相关信息的平台较少；此外，潜在滑雪者并未参与过滑雪旅游，没有相关信息收集的经历，也较少主动接触滑雪旅游的相关信息，从而导致大部分潜在滑雪者对我国现有滑雪场的地理位置并不明确，仍停留在自身对滑雪场地理分布的认知中，即认为室外滑雪场只有北方有。

此外，潜在滑雪者对滑雪旅游产品价格甚为敏感。与一般的旅游活动相比，目前滑雪旅游在中国属于花费较高的旅游项目，除了交通和住宿费用外，还包括雪票/缆车票、租赁/购买滑雪装备及服装的费用、聘请滑雪指导员的费用等。作为初次尝试滑雪运动的滑雪者，聘请滑雪指导员尤为重要，利于保证滑雪者安全及优化滑雪体验，同时对其是否转化为滑雪爱好者起着重要作用。然而，我国仍有大部分滑雪者选择不请指导员，其中价格偏高是主要原因（孙承华 等, 2017）。为推动安全滑雪场建设进程以及推进大众滑雪旅游，各滑雪场需考虑提供一些针对不同滑雪者类型的全包滑雪旅游产品。

结合滑雪动机分析可知（图1），"社交"是其参与滑雪运动的主要动机，尤其强调"熟人"社交（与家人/朋友）。因此，"找不到合适的人一起滑雪"和"家人/朋友没有合适的闲暇时间"也成为其参与滑雪旅游的重要阻碍因素。

3.4 滑雪场选择
3.4.1 选择滑雪场的考虑因素

我国滑雪者和潜在滑雪者选择滑雪场的考虑因素差异较小（图4），

图2 加拿大班夫国家公园Lake Louies滑雪场　　图片来源：由Tyson Shu提供

主要为雪道类别（如专家级、中高级、初级雪道）、丰富的活动（如夜间滑雪活动、除滑雪之外的娱乐活动）、朋友或者家人的选择偏好等。近年来，我国部分滑雪场陆续开展夜间滑雪活动并受到滑雪者欢迎，如北京密云南山滑雪场（图5）。而"良好的设施"及"优质的服务"相对得分较低，主要原因在于我国约80%的滑雪者为初级滑雪者且多为一次体验型游客（Vanat, 2017），对设施及服务的关注较低。然而，滑雪需求的不断升级是必然趋势，"良好的设施"及"优质的服务"作为滑雪场质量及竞争力的重要方面，是滑雪场运营不可忽视的领域，有利于吸引及增强滑雪者忠诚度，同时在一定程度上能解决我国滑雪转化率低的问题。根据后文的分析结果，滑雪次数、雪票购买、滑雪等级与"良好的设施"及"优质的服务"高度相关亦较好证明了该点。

相比而言，滑雪者对于"雪道不拥挤""中高级雪道"的关注略低于潜在滑雪者，而对于其他影响因素的关注均比潜在滑雪者高。

3.4.2 人口特征及滑雪经验对滑雪场选择的影响

结果如表7所示，人口特征和滑雪经验对滑雪场的选择存在显著影响，且滑雪经验的影响更大。人口特征中的主要影响因素为性别、年龄、文化程度和收入水平。其中，性别和文化程度主要与"开展夜间滑雪活动""优质的服务""家人或者朋友经常去那里滑"因素存在相关，年龄则与雪道等级因素（初、中、高级雪道）存在负相关，收入水平与"除滑雪之外的娱乐活动丰富"存在显著的正相关。

从滑雪经验来看，每个雪季的滑雪次数、技术等级和雪票购买均与"开展夜间滑雪活动""优质的服务""家人或者朋友经常去那里滑""良好的设施"存在显著相关，其中前两者与"雪票价格"亦存在显著的正相关，而第一次滑雪年纪主要与雪道等级和"积雪质量"存在相关。

4 结论与讨论

以中国滑雪者和潜在滑雪者为研究对象，通过问卷探究其参与滑

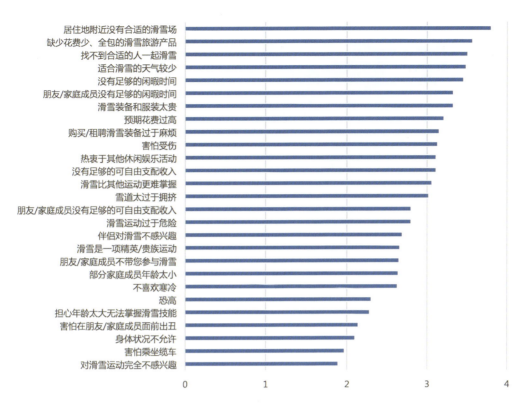

图3 中国潜在滑雪者参与滑雪旅游的制约因素

■ 潜在滑雪者　　■ 滑雪者

图4 选择滑雪场的考虑因素

雪旅游的动机、制约因素及目的地选择的影响因素，发现：

（1）我国滑雪者和潜在滑雪者参与滑雪运动的主要动机为休闲娱乐、身体锻炼、与家人和朋友共度欢乐时光。这与休闲运动的参与动机相一致，主要与生活压力、人际关系、个人能力、生活杂务和情绪等相关(Iso-Ahola et al., 1982)。

（2）阻碍我国潜在滑雪者参与滑雪运动的主要因素为外部因素，如居住地附近没有合适的滑雪场、滑雪旅游产品价格。然而，国外非滑雪者主要受个人内在制约(Hudson et

图5 南山滑雪场夜场情况　　　　　　图片来源：由北京密云南山滑雪场提供

al., 1998），表明我国潜在滑雪者转化为滑雪者的难度相对更低。

（3）丰富的滑雪场娱乐活动和雪道类型是我国滑雪者和潜在滑雪者选择滑雪场时主要考虑的因素，同时人口特征（如性别、年龄、文化程度）和滑雪经验（如滑雪次数、技术等级）对滑雪场的选择有显著影响。

为了让滑雪者获得更好的运动及消费体验，滑雪场经营者应致力于丰富娱乐产品、完善配套设施、提高服务水平，全面提升滑雪场质量。虽然我国滑雪场数量已位列世界第一，但符合国际标准要求的高质量滑雪场不到10%（王世金 等，2017），这也是我国50%以上滑雪爱好者热衷国外滑雪旅游目的地的主要原因。

表7　人口特征及滑雪经验对滑雪场选择的影响

	选择滑雪场的考虑因素													
	A	B	C	D	E	F	G	H	I	J	K	L	M	N
性别	-0.06	-0.10	0.01	0.14*	0.12	0.24**	-0.28**	-0.08	-0.08	-0.01	0.07	-0.10	-0.01	-0.16*
年龄	-0.08	0.07	0.03	-0.05	-0.06	-0.01	-0.05	-0.14*	-0.15*	-0.20**	0.09	-0.02	-0.00	0.01
文化程度	-0.08	-0.05	-0.01	0.12	0.15*	0.15*	-0.13*	-0.01	-0.03	-0.02	0.09	0.00	0.12	-0.06
收入水平	0.01	0.06	0.24**	-0.03	0.00	-0.10	0.10	0.04	-0.01	-0.06	-0.01	-0.04	0.1	0.03
常住地	-0.07	-0.04	-0.04	0.00	-0.04	0.01	0.09	0.05	0.05	0.13*	0.07	0.03	-0.03	0.03
滑雪次数	0.07	0.03	0.10	-0.20**	-0.24**	-0.50**	0.44**	0.07	0.05	-0.02	-0.08	0.18**	-0.09	0.04
第一次滑雪年纪	-0.09	-0.08	0.07	0.01	0.04	0.06	-0.11	-0.18**	-0.15*	-0.13*	0.18**	-0.01	-0.01	-0.08
技术等级	0.11	0.01	0.03	-0.16*	-0.20**	-0.66**	0.54**	0.16*	0.12	0.12	-0.05	0.32**	-0.02	0.02
雪票购买	0.02	0.10	0.03	-0.13*	-0.15	-0.26**	0.25**	0.04	0.05	-0.03	0.09	0.07	-0.12	0.02

注：选择滑雪场的考虑因素（A-N）与图3的排列顺序一致；**在0.01级别（单尾），相关性显著；*在0.05级别（单尾），相关性显著。

鉴于我国初级滑雪者数量及技术水平，滑雪场应重点关注初、中级雪道滑雪者密度，避免雪道过度拥挤以保证滑雪者安全。

同时，应重视调研，明确市场细分，进行精准营销。针对滑雪爱好者，应系统收集其滑雪频次、个人兴趣以及对度假村的设施和服务的满意度等信息，构建会员计划。通过会员福利提高其参与度和忠诚度，例如折扣卡、度假村特定设施的独家使用权、亲朋好友推荐礼包、提前预订权限和个性化服务等。要重视初次滑雪者/新手群体，若没有良好的滑雪体验，这部分人群便很有可能放弃滑雪运动。鉴于这部分群体对价格的敏感性，滑雪场可提供初次低价/免费的教学课程和有趣的活动，使他们掌握基本技能、熟悉滑雪活动和度假村环境。对于潜在滑雪者而言，可通过品牌效应、宣传推广和促销等多种方式吸引，解决潜在滑雪者的外部制约问题。此外，通过简化滑雪设备穿戴和教学过程将大量的嬉雪游客转化为滑雪体验者。

参考文献

林志成，2011. 滑雪旅游吸引力、参与动机和持续参与意愿之研究[D]. 台东：台东大学进修部休闲事业管理组.

孙承华，伍斌，魏庆华，等，2017. 中国滑雪产业发展报告(2017)[M]. 北京：社会科学文献出版社.

孙东喜，2015. 滑雪旅游动机问题研究[J]. 现代国企研究(24)：185.

王飞，朱志强，2017. 推进滑雪产业发展的大型滑雪旅游度假区建设研究[J]. 体育科学，37(4)：11-19.

王世金，徐新武，邓婕，等，2017. 中国滑雪旅游目的地空间格局、存在问题及其发展对策[J]. 冰川冻土，39(4)：902-909.

吴必虎，党宁，2004. 中国滑雪旅游市场需求研究[J]. 地域研究与开发，23(6)：78-82.

伍斌，魏庆华，2019. 中国滑雪产业白皮书（2018年度报告）[EB/OL]. https://www.chnzbx.com/index.php?a=nrinfo&id=3243.

袁方，王汉生，2004. 社会研究方法教程[M]. 北京：北京大学出版社.

袁焰，2006. 健身运动参与动机对心理健康的影响[J]. 哈尔滨体育学院学报(6)：122-123.

张葳，魏永旺，刘博，2015. 河北省滑雪旅游资源深度开发和特色品牌建设对策研究：以崇礼为例[J]. 城市发展研究，22(1)：15-18.

CRAWFORD D W, JACKSON E L, GODBEY G C, 1991. A hierarchical model of leisure constraints[J]. Leisure sciences, 13(4): 309-320.

DICKSON T J, FAULKS P, 2007. Exploring overseas snowsport participation by Australian skiers and snowboarders[J]. Tourism review, 62(3/4): 7-14.

GILBERT D, HUDSON S, 2000. Tourism demand constraints: a skiing participation[J]. Annals of tourism research, 27(4): 906-925.

HAIR J F, ANDERSON J, TATHAM R L, et al., 1998. Multivariate data analysis[M].5th ed. Upper Saddle River: Prentice Hall.

HENDERSON K A, 1991. The contribution of feminism to an understanding of leisure constraints[J]. Journal of leisure research, 23(4): 363-377.

HIGHAM J, HINCH T, 2009. Sport and tourism: globalization, mobility and identity[M]. Oxford, UK: Butterworth-Heinemann.

HUDSON S, HUDSON L, 2015. Winter sports tourism: working in winter wonderlands[M]. Oxford: Goodfellow Publishers Limited.

HUDSON S, GILBERT D, 1998. Skiing constraints: arresting the downhill slide[M] // In presentation at the Conference on Harnessing the High Latitudes[M]. Guildford, UK: University of Surrey, 15-17.

ISO-AHOLA S E, ALLEN J R, 1982. The dynamics of leisure motivation: the effects of outcome on leisure needs[J]. Research quarterly for exercise and sport, 53(2): 141-149.

JACKSON E L, 1988. Leisure constraints: a survey of past research[J]. Leisure sciences, 10(3): 203-215.

KLENOSKY D B, GENGLER C E, MULVEY M S, 1993. Understanding the factors influencing ski destination choice: a means-end analytic approach[J]. Journal of leisure research, 25(4): 362-379.

Quebec Ski Areas Association. Ski industry: winter activity #1 in Quebec. Winter activity with $800 million in economic benefits[EB/OL]. [2019-6-20].https://www.skicanada.org/the-1-winter-activity-with-800-million-in-economic-benefits/.

TURCO D M, RILEY R, SWART K, 2002.Sport tourism, fitness information technology[M]. Morgantown: West Virginia.

VANAT L, 2014. 2014 International report on snow & mountain tourism: overview of the key industry figures for ski resorts[EB/OL]. [2019-6-20].http://www.ropeways.net/rnn/konfig/uploads/pdf/59.pdf.

VANAT L, 2017, 2017 International report on snow & mountain tourism: overview of the key industry figures for ski resorts[EB/OL]. [2019-6-20].http://www.vanat.ch/RM-world-report-2017-vanat.pdf.

VANAT L, 2018. 2018 International report on snow & mountain tourism: overview of the key industry figures for ski resorts[EB/OL]. [2019-6-22].http://www.fierabolzano.it/alpitecchina/mod_moduli_files/Laurent%20Vanat%20-%20Key%20Industry%20Figures.pdf.

BES 大地风景文旅集团
BES Culture and Tourism Group

目的地美好生活创新服务商

19^年 专于文旅

3000+ 作品

赋能

目 的 地
美好生活
新 时 代

ENABLE A BETTER
DESTINATION LIFESTYLE
AT THE NEW ERA

/ 规划设计　　/ 投资融资　　/ 注入内容　　/ 运营资产

大地规划 — 文旅规划设计的领跑企业

大地乡居 — 落地化乡村文旅投、建、运综合提供商

大地投资 — 专注文旅行业的投资机构

风景文创 — 文创商业设计与运营的先行探索者

大地溪客 — 可移动旅居综合开发服务商

大地遗产 — 文化遗产内容创意与空间运营服务商

大地营地 — 营地教育赋能文旅产业的管理服务商

风景运营 — 创新型文旅运营商

大地诚泰 — 投资全球优质IP和内容

丝路驿站 — 以文旅创新复兴丝绸之路

大地云游 — 基于大数据的智慧旅游与营销服务商

风景建筑 — 创造风景的建筑设计机构

风景小镇 — 给小镇以文化和产业灵魂

大地亿象 — 提振人气与品牌价值的综合服务商

江西大地 — 文化和旅游项目建设全程服务商

山西大地 — 以区域规划带动文旅产业多业态综合开发

北京市朝阳区北四环中路27号盘古大观A座5层　　010-5939 3252
www.bescn.com　　sales@bescn.com　　189-1130-5757

扫码关注　　文旅云学堂

中国古村镇大会

选址办法

大会概要

中国古村镇大会创办于2015年，迄今已成功举办三届，是国内迄今为止唯一一个超部门、多学科、跨行业的开放性古村镇领航大会。大会以公益开放的心态，整合国内外高端思想资源，联合全国关心古村、文化传承和乡村发展的社会各界人士，增强社会爱护古村的意识，积极探索路径让古村更好地传承发展下去，以期探索有益于古村保护和可持续经营的发展道路，缔造国内顶尖的新锐思想圈，成就中国古村保护活化民间最权威、最具影响力的智力机构和合作平台。

选址目的

古村镇大会选址目的是建立一个为中国传统村落和古村重要事务对话的公共平台。会址选定以市（县）为单位，在与会各方交流、合作，并就大会主题、事务达成初步共识的同时，寻求与会址间的共赢发展。

古村镇大会的举办将推进会址所在地包括乡村旅游、投融资、产业建设与整合、形象推广在内的多方面共同发展，为产业生态圈及乡村建设提供有利契机：

★ 快速提高村镇知名度　★ 大力推进重点项目建设　★ 整体提高干部群众观念　★ 全方位引入智力资源　★ 促进项目合作与落地

选址条件及选定

古村镇大会年度会址选择范围原则上限定于传统村落或古村落分布较多的区域。

（一）该区域具备鲜明的村落地域文化特点（较多的古村落、实践较好的村落案例等）。
（二）无偿提供可容纳至少500人的会议场所，具备食宿接待基本设施。
（三）为大会提供基本筹备费用，具体内容可与大会秘书处接洽。
（四）会址所在地政府对于古村镇大会的举办给予政策认可和支持，并于当地及周边政府机构予以宣传推荐。
（五）会址所在地应具备较有特色的产业体系及开放、包容的投资环境。

业界推荐　**实地考察**　**综合评审**　采取"业界推荐、实地考察、综合评审"的方式确定年度会址所在地。

联系方式

大会秘书处：中国·深圳·坂田五和大道南2号万科星火Online 7-238
7-238,Vanke Spark Online,NO.2 Wuhe South Road,Bantian Street,Longgang District,Shenzhen,Guangdong,PRC
Tel：0755-28895149　　WeChat：gucunhui　　www.gucundahui.com

大会官方二维码

以推动文旅运营进入目的地时代为己任，
致力于成为中国领先的创新型文旅运营商。

—— 北京大地风景目的地运营管理有限公司（简称"风景运营"），是大地风景文旅集团旗下专注于旅游资源开发与管理，提升综合型目的地运营的创新服务商。秉承大地风景文旅集团赋能目的地美好生活新时代的理念，风景运营将关注行业发展态势、聚焦市场需求变化、革新优质产品服务、引领文旅运营发展，锻造面向未来的核心竞争力，助推文旅运营进入目的地时代！

北京大地风景目的地运营管理有限公司

1. 旅游景区运营管理

更专业的标准化运营管理服务，在不改变景区所有权的基础上

通过委托经营管理的方式，**全面接管**景区经营、营销、行政、场务等工作

优化景区业态、**提升**景区管理效率、**强化**景区市场品牌、**增加**景区经营收入、**推动**景区全面增值

2. 文旅目的地运营

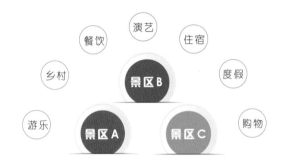

"环线运营"模式

围绕核心景区，打造满足2-5天度假需求的优质旅游产品集群

3. 智慧旅游集散运营

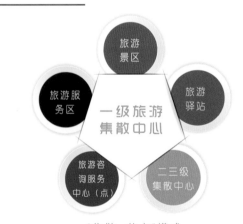

"集散+节点"模式

通过管理游客集散体系，统筹相对分散的周边景区

4. 文旅项目开发服务

依托于 集团一流的文旅规策划能力 丰富的项目落地经验 优良的政府合作关系

为文旅项目提供 策划+规划+设计+建设+运营 全流程服务

旅游景区运营管理

北京市朝阳区北四环中路
27号盘古大观写字楼5层
010-59393965/3972
www.bescn.com

成熟的运营体系打造成功的运营案例

依托于领先的运营理念、高标准的运营模式、成熟的A级景区运营管理团队，风景运营已在全国完成数十个高品质文旅项目运营及相关服务。

内蒙古呼伦贝尔大草原-莫尔格勒河景区（全面委托经营管理，授权独立经营，5A创建）

文旅项目开发服务

epco项目

敕勒川草原音乐小镇＆马头琴草原文化产业园（乡居环境整治及首开区筹开，提供策划、规划、设计、建设至运营全流程服务）

中国陵川·七彩太行国际冰雪旅游度假区（整体开发、建设、运营等代业主服务）

文旅目的地运营

江苏盐城十里菊香景区（全面委托经营管理，授权独立经营）

旅游规划与设计 往辑回顾

《遗产活化 社会参与》
2020年11月，第33辑

《野生动物旅游》
2019年12月，第32辑

《旅游风险与旅游安全》
2019年3月，第31辑

《美食旅游》
2019年1月，第30辑

《自然旅游与自然教育》
2018年9月，第29辑

《旅游建筑与建筑旅游》
2018年6月，第28辑

《城市旅游》
2018年3月，第27辑

《地学旅游》
2017年12月，第26辑

《乡村健康旅游与乡居生活方式》
2017年9月，第25辑

《遗产旅游：呈现与活化》
2017年6月，第24辑

《景区容量与游客管理》
2017年3月，第23辑

《儿童及亲子旅游》
2016年12月，第22辑

《生态旅游》
2016年10月，第21辑

《台湾乡村旅游与民宿》
2016年6月，第20辑

《主题公园》
2016年3月，第19辑

《旅游厕所》
2015年12月，第18辑

《传统村落：保护与活化》
2015年9月，第17辑